INDONESISCH

WORTSCHATZ

FÜR DAS SELBSTSTUDIUM

DEUTSCH INDONESISCH

Die nützlichsten Wörter
Zur Erweiterung Ihres Wortschatzes und
Verbesserung der Sprachfertigkeit

7000 Wörter

Wortschatz Deutsch-Indonesisch für das Selbststudium - 7000 Wörter

Von Andrey Taranov

T&P Books Vokabelbücher sind dafür vorgesehen, beim Lernen einer Fremdsprache zu helfen, Wörter zu memorieren und zu wiederholen. Das Wörterbuch ist nach Themen aufgeteilt und deckt alle wichtigen Bereiche des täglichen Lebens, Berufs, Wissenschaft, Kultur etc. ab.

Durch das Benutzen der themenbezogenen T&P Books ergeben sich folgende Vorteile für den Lernprozess:

- Sachgemäß geordnete Informationen bestimmen den späteren Erfolg auf den darauffolgenden Stufen der Memorisierung
- Die Verfügbarkeit von Wörtern, die sich aus der gleichen Wurzel ableiten lassen, erlaubt die Memorisierung von Worteinheiten (mehr als bei einzeln stehenden Wörtern)
- Kleine Worteinheiten unterstützen den Aufbauprozess von assoziativen Verbindungen für die Festigung des Wortschatzes
- Die Kenntnis der Sprache kann aufgrund der Anzahl der gelernten Wörter eingeschätzt werden

T&P Books Publishing
www.tpbooks.com

ISBN: 978-1-78616-504-6

Dieses Buch ist auch im E-Book Format erhältlich.
Besuchen Sie uns auch auf www.tpbooks.com oder auf einer der bedeutenden Buchhandlungen online.

WORTSCHATZ DEUTSCH-INDONESISCH
für das Selbststudium

Die Vokabelbücher von T&P Books sind dafür vorgesehen, Ihnen beim Lernen einer Fremdsprache zu helfen, Wörter zu memorieren und zu wiederholen. Der Wortschatz enthält über 7000 häufig gebrauchte, thematisch geordnete Wörter.

- Der Wortschatz enthält die am häufigsten benutzten Wörter
- Eignet sich als Ergänzung zu jedem Sprachkurs
- Erfüllt die Bedürfnisse von Anfängern und fortgeschrittenen Lernenden von Fremdsprachen
- Praktisch für den täglichen Gebrauch, zur Wiederholung und um sich selbst zu testen
- Ermöglicht es, Ihren Wortschatz einzuschätzen

Besondere Merkmale des Wortschatzes:

- Wörter sind entsprechend ihrer Bedeutung und nicht alphabetisch organisiert
- Wörter werden in drei Spalten präsentiert, um das Wiederholen und den Selbstüberprüfungsprozess zu erleichtern
- Wortgruppen werden in kleinere Einheiten aufgespalten, um den Lernprozess zu fördern
- Der Wortschatz bietet eine praktische und einfache Lautschrift jedes Wortes der Fremdsprache

Der Wortschatz hat 198 Themen, einschließlich:

Grundbegriffe, Zahlen, Farben, Monate, Jahreszeiten, Maßeinheiten, Kleidung und Accessoires, Essen und Ernährung, Restaurant, Familienangehörige, Verwandte, Charaktereigenschaften, Empfindungen, Gefühle, Krankheiten, Großstadt, Kleinstadt, Sehenswürdigkeiten, Einkaufen, Geld, Haus, Zuhause, Büro, Import & Export, Marketing, Arbeitssuche, Sport, Ausbildung, Computer, Internet, Werkzeug, Natur, Länder, Nationalitäten und vieles mehr...

INHALT

LEITFADEN FÜR DIE AUSSPRACHE

Buchstabe	Indonesisch Beispiel	T&P phonetisches Alphabet	Deutsch Beispiel
Aa	zaman	[a]	schwarz
Bb	besar	[b]	Brille
Cc	kecil, cepat	[ʧ]	Matsch
Dd	dugaan	[d]	Detektiv
Ee	segera, mencium	[e], [ə]	hängen
Ff	berfungsi	[f]	fünf
Gg	juga, lagi	[g]	gelb
Hh	hanya, bahwa	[h]	brauchbar
Ii	izin, sebagai ganti	[i], [j]	ihr, Jacke
Jj	setuju, ijin	[ʤʲ]	Jeans, Magyaren
Kk	kemudian, tidak	[k], [ʔ]	dreieckig, Glottisschlag
Ll	dilarang	[l]	Juli
Mm	melihat	[m]	Mitte
Nn	berenang	[n], [ŋ]	nicht, Känguru
Oo	toko roti	[o:]	groß
Pp	peribahasa	[p]	Polizei
Qq	Aquarius	[k]	Kalender
Rr	ratu, riang	[r]	Zungenspitzen-R
Ss	sendok, syarat	[s], [ʃ]	sein, Chance
Tt	tamu, adat	[t]	still
Uu	ambulans	[u]	kurz
Vv	renovasi	[v]	November
Ww	pariwisata	[w]	schwanger
Xx	boxer	[ks]	Expedition
Yy	banyak, syarat	[j]	Jacke
Zz	zamrud	[z]	sein

Zusammensetzungen von Buchstaben

aa	maaf	[aʔa]	a+Glottisschlag
kh	khawatir	[h]	brauchbar
th	Gereja Lutheran	[t]	still
-k	tidak	[ʔ]	Glottisschlag

ABKÜRZUNGEN die im Vokabular verwendet werden

Deutsch. Abkürzungen

Adj	-	Adjektiv
Adv	-	Adverb
Amtsspr.	-	Amtssprache
f	-	Femininum
f, n	-	Femininum, Neutrum
Fem.	-	Femininum
m	-	Maskulinum
m, f	-	Maskulinum, Femininum
m, n	-	Maskulinum, Neutrum
Mask.	-	Maskulinum
n	-	Neutrum
pl	-	Plural
Sg.	-	Singular
ugs.	-	umgangssprachlich
unzähl.	-	unzählbar
usw.	-	und so weiter
v mod	-	Modalverb
vi	-	intransitives Verb
vi, vt	-	intransitives, transitives Verb
vt	-	transitives Verb
zähl.	-	zählbar
z.B.	-	zum Beispiel

GRUNDBEGRIFFE

Grundbegriffe. Teil 1

1. Pronomen

ich	**saya, aku**	[saja], [aku]
du	**engkau, kamu**	[eŋkau], [kamu]
er, sie, es	**beliau, dia, ia**	[beliau], [dia], [ia]
wir	**kami, kita**	[kami], [kita]
ihr	**kalian**	[kalian]
Sie (Sg.)	**Anda**	[anda]
Sie (pl)	**Anda sekalian**	[anda sekalian]
sie	**mereka**	[mereka]

2. Grüße. Begrüßungen. Verabschiedungen

Hallo! (ugs.)	**Halo!**	[halo!]
Hallo! (Amtsspr.)	**Halo!**	[halo!]
Guten Morgen!	**Selamat pagi!**	[slamat pagi!]
Guten Tag!	**Selamat siang!**	[slamat siaŋ!]
Guten Abend!	**Selamat sore!**	[slamat sore!]
grüßen (vi, vt)	**menyapa**	[mənjapa]
Hallo! (ugs.)	**Hai!**	[hey!]
Gruß (m)	**sambutan, salam**	[sambutan], [salam]
begrüßen (vt)	**menyambut**	[mənjambut]
Wie geht's?	**Apa kabar?**	[apa kabar?]
Was gibt es Neues?	**Apa yang baru?**	[apa yaŋ baru?]
Auf Wiedersehen!	**Selamat tinggal! Selamat jalan!**	[slamat tiŋgal!], [slamat dʒʲalan!]
Wiedersehen! Tschüs!	**Dadah!**	[dadah!]
Bis bald!	**Sampai bertemu lagi!**	[sampaj bərtemu lagi!]
Lebe wohl!	**Sampai jumpa!**	[sampaj dʒʲumpa!]
Leben Sie wohl!	**Selamat tinggal!**	[slamat tiŋgal!]
sich verabschieden	**berpamitan**	[bərpamitan]
Tschüs!	**Sampai nanti!**	[sampaj nanti!]
Danke!	**Terima kasih!**	[tərima kasih!]
Dankeschön!	**Terima kasih banyak!**	[tərima kasih banjaˀ!]
Bitte (Antwort)	**Kembali! Sama-sama!**	[kembali!], [sama-sama!]
Keine Ursache.	**Kembali!**	[kembali!]
Nichts zu danken.	**Kembali!**	[kembali!]
Entschuldigen Sie!	**Maaf, ...**	[maˀaf, ...]
entschuldigen (vt)	**memaafkan**	[memaˀafkan]

sich entschuldigen	**meminta maaf**	[meminta maˀaf]
Verzeihung!	**Maafkan saya**	[maˀafkan saja]
Es tut mir leid!	**Maaf!**	[maˀaf!]
verzeihen (vt)	**memaafkan**	[memaˀafkan]
Das macht nichts!	**Tidak apa-apa!**	[tidaˀ apa-apa!]
bitte (Die Rechnung, ~!)	**tolong**	[toloŋ]
Nicht vergessen!	**Jangan lupa!**	[dʒʲaŋan lupa!]
Natürlich!	**Tentu!**	[tentu!]
Natürlich nicht!	**Tentu tidak!**	[tentu tidaˀ!]
Gut! Okay!	**Baiklah! Baik!**	[bajklah!], [bajˀ!]
Es ist genug!	**Cukuplah!**	[ʧukuplah!]

3. Grundzahlen. Teil 1

null	**nol**	[nol]
eins	**satu**	[satu]
zwei	**dua**	[dua]
drei	**tiga**	[tiga]
vier	**empat**	[empat]
fünf	**lima**	[lima]
sechs	**enam**	[enam]
sieben	**tujuh**	[tudʒʲuh]
acht	**delapan**	[delapan]
neun	**sembilan**	[sembilan]
zehn	**sepuluh**	[sepuluh]
elf	**sebelas**	[sebelas]
zwölf	**dua belas**	[dua belas]
dreizehn	**tiga belas**	[tiga belas]
vierzehn	**empat belas**	[empat belas]
fünfzehn	**lima belas**	[lima belas]
sechzehn	**enam belas**	[enam belas]
siebzehn	**tujuh belas**	[tudʒʲuh belas]
achtzehn	**delapan belas**	[delapan belas]
neunzehn	**sembilan belas**	[sembilan belas]
zwanzig	**dua puluh**	[dua puluh]
einundzwanzig	**dua puluh satu**	[dua puluh satu]
zweiundzwanzig	**dua puluh dua**	[dua puluh dua]
dreiundzwanzig	**dua puluh tiga**	[dua puluh tiga]
dreißig	**tiga puluh**	[tiga puluh]
einunddreißig	**tiga puluh satu**	[tiga puluh satu]
zweiunddreißig	**tiga puluh dua**	[tiga puluh dua]
dreiunddreißig	**tiga puluh tiga**	[tiga puluh tiga]
vierzig	**empat puluh**	[empat puluh]
einundvierzig	**empat puluh satu**	[empat puluh satu]
zweiundvierzig	**empat puluh dua**	[empat puluh dua]
dreiundvierzig	**empat puluh tiga**	[empat puluh tiga]
fünfzig	**lima puluh**	[lima puluh]

einundfünfzig	**lima puluh satu**	[lima puluh satu]
zweiundfünfzig	**lima puluh dua**	[lima puluh dua]
dreiundfünfzig	**lima puluh tiga**	[lima puluh tiga]
sechzig	**enam puluh**	[enam puluh]
einundsechzig	**enam puluh satu**	[enam puluh satu]
zweiundsechzig	**enam puluh dua**	[enam puluh dua]
dreiundsechzig	**enam puluh tiga**	[enam puluh tiga]
siebzig	**tujuh puluh**	[tuʤʲuh puluh]
einundsiebzig	**tujuh puluh satu**	[tuʤʲuh puluh satu]
zweiundsiebzig	**tujuh puluh dua**	[tuʤʲuh puluh dua]
dreiundsiebzig	**tujuh puluh tiga**	[tuʤʲuh puluh tiga]
achtzig	**delapan puluh**	[delapan puluh]
einundachtzig	**delapan puluh satu**	[delapan puluh satu]
zweiundachtzig	**delapan puluh dua**	[delapan puluh dua]
dreiundachtzig	**delapan puluh tiga**	[delapan puluh tiga]
neunzig	**sembilan puluh**	[sembilan puluh]
einundneunzig	**sembulan puluh satu**	[sembulan puluh satu]
zweiundneunzig	**sembilan puluh dua**	[sembilan puluh dua]
dreiundneunzig	**sembilan puluh tiga**	[sembilan puluh tiga]

4. Grundzahlen. Teil 2

einhundert	**seratus**	[seratus]
zweihundert	**dua ratus**	[dua ratus]
dreihundert	**tiga ratus**	[tiga ratus]
vierhundert	**empat ratus**	[empat ratus]
fünfhundert	**lima ratus**	[lima ratus]
sechshundert	**enam ratus**	[enam ratus]
siebenhundert	**tujuh ratus**	[tuʤʲuh ratus]
achthundert	**delapan ratus**	[delapan ratus]
neunhundert	**sembilan ratus**	[sembilan ratus]
eintausend	**seribu**	[seribu]
zweitausend	**dua ribu**	[dua ribu]
dreitausend	**tiga ribu**	[tiga ribu]
zehntausend	**sepuluh ribu**	[sepuluh ribu]
hunderttausend	**seratus ribu**	[seratus ribu]
Million (f)	**juta**	[ʤʲuta]
Milliarde (f)	**miliar**	[miliar]

5. Zahlen. Brüche

Bruch (m)	**pecahan**	[peʧahan]
Hälfte (f)	**seperdua**	[seperdua]
Drittel (n)	**sepertiga**	[sepertiga]
Viertel (n)	**seperempat**	[seperempat]
Achtel (m, n)	**seperdelapan**	[seperdelapan]

Zehntel (n)	**sepersepuluh**	[sepersepuluh]
zwei Drittel	**dua pertiga**	[dua pərtiga]
drei Viertel	**tiga perempat**	[tiga pərempat]

6. Zahlen. Grundrechenarten

Subtraktion (f)	**pengurangan**	[peŋuraŋan]
subtrahieren (vt)	**mengurangkan**	[məŋuraŋkan]
Division (f)	**pembagian**	[pembagian]
dividieren (vt)	**membagi**	[membagi]
Addition (f)	**penambahan**	[penambahan]
addieren (vt)	**menambahkan**	[mənambahkan]
hinzufügen (vt)	**menambahkan**	[mənambahkan]
Multiplikation (f)	**pengalian**	[peŋalian]
multiplizieren (vt)	**mengalikan**	[məŋalikan]

7. Zahlen. Verschiedenes

Ziffer (f)	**angka**	[aŋka]
Zahl (f)	**nomor**	[nomor]
Zahlwort (n)	**kata bilangan**	[kata bilaŋan]
Minus (n)	**minus**	[minus]
Plus (n)	**plus**	[plus]
Formel (f)	**rumus**	[rumus]
Berechnung (f)	**perhitungan**	[pərhituŋan]
zählen (vt)	**menghitung**	[məŋhituŋ]
berechnen (vt)	**menghitung**	[məŋhituŋ]
vergleichen (vt)	**membandingkan**	[membandiŋkan]
Wie viel, -e?	**Berapa?**	[bərapa?]
Summe (f)	**jumlah**	[dʒʲumlah]
Ergebnis (n)	**hasil**	[hasil]
Rest (m)	**sisa, baki**	[sisa], [baki]
einige (~ Tage)	**beberapa**	[beberapa]
wenig (Adv)	**sedikit**	[sedikit]
Übrige (n)	**selebihnya, sisanya**	[selebihnja], [sisanja]
anderthalb	**satu setengah**	[satu seteŋah]
Dutzend (n)	**lusin**	[lusin]
entzwei (Adv)	**dua bagian**	[dua bagian]
zu gleichen Teilen	**rata**	[rata]
Hälfte (f)	**setengah**	[seteŋah]
Mal (n)	**kali**	[kali]

8. Die wichtigsten Verben. Teil 1

abbiegen (nach links ~)	**membelok**	[membeloˀ]
abschicken (vt)	**mengirim**	[məŋirim]

ändern (vt)	**mengubah**	[məŋubah]
andeuten (vt)	**memberi petunjuk**	[memberi petundʒʲuˀ]
Angst haben	**takut**	[takut]
ankommen (vi)	**datang**	[dataŋ]
antworten (vi)	**menjawab**	[məndʒʲawab]
arbeiten (vi)	**bekerja**	[bekerdʒʲa]
auf ... zählen	**mengharapkan ...**	[məŋharapkan ...]
aufbewahren (vt)	**menyimpan**	[mənjimpan]
aufschreiben (vt)	**mencatat**	[məntʃatat]
ausgehen (vi)	**keluar**	[keluar]
aussprechen (vt)	**melafalkan**	[melafalkan]
bedauern (vt)	**menyesal**	[mənjesal]
bedeuten (vt)	**berarti**	[bərarti]
beenden (vt)	**mengakhiri**	[məŋahiri]
befehlen (Milit.)	**memerintahkan**	[memerintahkan]
befreien (Stadt usw.)	**membebaskan**	[membebaskan]
beginnen (vt)	**memulai, membuka**	[memulaj], [membuka]
bemerken (vt)	**memperhatikan**	[memperhatikan]
beobachten (vt)	**mengamati**	[məŋamati]
berühren (vt)	**menyentuh**	[mənjentuh]
besitzen (vt)	**memiliki**	[memiliki]
besprechen (vt)	**membicarakan**	[membitʃarakan]
bestehen auf	**mendesak**	[məndesaˀ]
bestellen (im Restaurant)	**memesan**	[memesan]
bestrafen (vt)	**menghukum**	[məŋhukum]
beten (vi)	**bersembahyang, berdoa**	[bərsembahjaŋ], [bərdoa]
bitten (vt)	**meminta**	[meminta]
brechen (vt)	**memecahkan**	[memetʃahkan]
denken (vi, vt)	**berpikir**	[bərpikir]
drohen (vi)	**mengancam**	[məŋantʃam]
Durst haben	**haus**	[haus]
einladen (vt)	**mengundang**	[məŋundaŋ]
einstellen (vt)	**menghentikan**	[məŋhentikan]
einwenden (vt)	**keberatan**	[keberatan]
empfehlen (vt)	**merekomendasi**	[merekomendasi]
erklären (vt)	**menjelaskan**	[məndʒʲelaskan]
erlauben (vt)	**mengizinkan**	[məŋizinkan]
ermorden (vt)	**membunuh**	[membunuh]
erwähnen (vt)	**menyebut**	[mənjebut]
existieren (vi)	**ada**	[ada]

9. Die wichtigsten Verben. Teil 2

fallen (vi)	**jatuh**	[dʒʲatuh]
fallen lassen	**tercecer**	[tərtʃetʃer]
fangen (vt)	**menangkap**	[mənaŋkap]
finden (vt)	**menemukan**	[mənemukan]

fliegen (vi)	**terbang**	[tərbaŋ]
folgen (Folge mir!)	**mengikuti ...**	[məŋikuti ...]
fortsetzen (vt)	**meneruskan**	[məneruskan]
fragen (vt)	**bertanya**	[bərtanja]
frühstücken (vi)	**sarapan**	[sarapan]
geben (vt)	**memberi**	[memberi]
gefallen (vi)	**suka**	[suka]
gehen (zu Fuß gehen)	**berjalan**	[bərʤʲalan]
gehören (vi)	**kepunyaan ...**	[kepunjaˀan ...]
graben (vt)	**menggali**	[məŋgali]
haben (vt)	**mempunyai**	[mempunjaj]
helfen (vi)	**membantu**	[membantu]
herabsteigen (vi)	**turun**	[turun]
hereinkommen (vi)	**masuk, memasuki**	[masuk], [memasuki]
hoffen (vi)	**berharap**	[bərharap]
hören (vt)	**mendengar**	[məndeŋar]
hungrig sein	**lapar**	[lapar]
informieren (vt)	**menginformasikan**	[məŋinformasikan]
jagen (vi)	**berburu**	[bərburu]
kennen (vt)	**kenal**	[kenal]
klagen (vi)	**mengeluh**	[məŋeluh]
können (v mod)	**bisa**	[bisa]
kontrollieren (vt)	**mengontrol**	[məŋontrol]
kosten (vt)	**berharga**	[bərharga]
kränken (vt)	**menghina**	[məŋhina]
lächeln (vi)	**tersenyum**	[tərsenyum]
lachen (vi)	**tertawa**	[tərtawa]
laufen (vi)	**lari**	[lari]
leiten (Betrieb usw.)	**memimpin**	[memimpin]
lernen (vt)	**mempelajari**	[mempelaʤʲari]
lesen (vi, vt)	**membaca**	[membaʧa]
lieben (vt)	**mencintai**	[mənʧintaj]
machen (vt)	**membuat**	[membuat]
mieten (Haus usw.)	**menyewa**	[mənjewa]
nehmen (vt)	**mengambil**	[məŋambil]
noch einmal sagen	**mengulangi**	[məŋulaŋi]
nötig sein	**dibutuhkan**	[dibutuhkan]
öffnen (vt)	**membuka**	[membuka]

10. Die wichtigsten Verben. Teil 3

planen (vt)	**merencanakan**	[merenʧanakan]
prahlen (vi)	**membual**	[membual]
raten (vt)	**menasihati**	[mənasihati]
rechnen (vt)	**menghitung**	[məŋhituŋ]
reservieren (vt)	**memesan**	[memesan]
retten (vt)	**menyelamatkan**	[mənjelamatkan]

richtig raten (vt)	**menerka**	[mənerka]
rufen (um Hilfe ~)	**memanggil**	[memaŋgil]
sagen (vt)	**berkata**	[bərkata]
schaffen (Etwas Neues zu ~)	**menciptakan**	[mənʧiptakan]
schelten (vt)	**memarahi, menegur**	[memarahi], [menegur]
schießen (vi)	**menembak**	[mənembaˀ]
schmücken (vt)	**menghiasi**	[məŋhiasi]
schreiben (vi, vt)	**menulis**	[mənulis]
schreien (vi)	**berteriak**	[bərteriaˀ]
schweigen (vi)	**diam**	[diam]
schwimmen (vi)	**berenang**	[bərenaŋ]
schwimmen gehen	**berenang**	[bərenaŋ]
sehen (vi, vt)	**melihat**	[melihat]
sein (Lehrer ~)	**ialah, adalah**	[ialah], [adalah]
sein (müde ~)	**sedang**	[sedaŋ]
sich beeilen	**tergesa-gesa**	[tərgesa-gesa]
sich entschuldigen	**meminta maaf**	[meminta maˀaf]
sich interessieren	**menaruh minat pada ...**	[mənaruh minat pada ...]
sich irren	**salah**	[salah]
sich setzen	**duduk**	[duduˀ]
sich weigern	**menolak**	[mənolaˀ]
spielen (vi, vt)	**bermain**	[bərmajn]
sprechen (vi)	**berbicara**	[bərbiʧara]
staunen (vi)	**heran**	[heran]
stehlen (vt)	**mencuri**	[mənʧuri]
stoppen (vt)	**berhenti**	[bərhenti]
suchen (vt)	**mencari ...**	[mənʧari ...]

11. Die wichtigsten Verben. Teil 4

täuschen (vt)	**menipu**	[mənipu]
teilnehmen (vi)	**turut serta**	[turut serta]
übersetzen (Buch usw.)	**menerjemahkan**	[mənerʤʲemahkan]
unterschätzen (vt)	**meremehkan**	[meremehkan]
unterschreiben (vt)	**menandatangani**	[mənandataŋani]
vereinigen (vt)	**menyatukan**	[mənjatukan]
vergessen (vt)	**melupakan**	[melupakan]
vergleichen (vt)	**membandingkan**	[membandiŋkan]
verkaufen (vt)	**menjual**	[mənʤʲual]
verlangen (vt)	**menuntut**	[mənuntut]
versäumen (vt)	**absen**	[absen]
versprechen (vt)	**berjanji**	[bərʤʲanʤi]
verstecken (vt)	**menyembunyikan**	[mənjembunjikan]
verstehen (vt)	**mengerti**	[məŋerti]
versuchen (vt)	**mencoba**	[mənʧoba]
verteidigen (vt)	**membela**	[membela]
vertrauen (vi)	**mempercayai**	[memperʧajaj]

verwechseln (vt)	**bingung membedakan**	[biŋuŋ membedakan]
verzeihen (vi, vt)	**memaafkan**	[mema'afkan]
verzeihen (vt)	**memaafkan**	[mema'afkan]
voraussehen (vt)	**menduga**	[mənduga]
vorschlagen (vt)	**mengusulkan**	[məŋusulkan]
vorziehen (vt)	**lebih suka**	[lebih suka]
wählen (vt)	**memilih**	[memilih]
warnen (vt)	**memperingatkan**	[memperiŋatkan]
warten (vi)	**menunggu**	[mənuŋgu]
weinen (vi)	**menangis**	[mənaŋis]
wissen (vt)	**tahu**	[tahu]
Witz machen	**bergurau**	[bərgurau]
wollen (vt)	**mau, ingin**	[mau], [iŋin]
zahlen (vt)	**membayar**	[membajar]
zeigen (jemandem etwas)	**menunjukkan**	[mənundʒʲuˀkan]
zu Abend essen	**makan malam**	[makan malam]
zu Mittag essen	**makan siang**	[makan siaŋ]
zubereiten (vt)	**memasak**	[memasaˀ]
zustimmen (vi)	**setuju**	[setudʒʲu]
zweifeln (vi)	**ragu-ragu**	[ragu-ragu]

12. Farben

Farbe (f)	**warna**	[warna]
Schattierung (f)	**nuansa**	[nuansa]
Farbton (m)	**warna**	[warna]
Regenbogen (m)	**pelangi**	[pelaŋi]
weiß	**putih**	[putih]
schwarz	**hitam**	[hitam]
grau	**kelabu**	[kelabu]
grün	**hijau**	[hidʒʲau]
gelb	**kuning**	[kuniŋ]
rot	**merah**	[merah]
blau	**biru**	[biru]
hellblau	**biru muda**	[biru muda]
rosa	**pink**	[pinˀ]
orange	**oranye, jingga**	[oranje], [dʒiŋga]
violett	**violet, ungu muda**	[violet], [uŋu muda]
braun	**cokelat**	[ʧokelat]
golden	**keemasan**	[keemasan]
silbrig	**keperakan**	[keperakan]
beige	**abu-abu kecokelatan**	[abu-abu keʧokelatan]
cremefarben	**krem**	[krem]
türkis	**pirus**	[pirus]
kirschrot	**merah tua**	[merah tua]
lila	**ungu**	[uŋu]

himbeerrot	**merah lembayung**	[merah lembajuŋ]
hell	**terang**	[teraŋ]
dunkel	**gelap**	[gelap]
grell	**terang**	[teraŋ]
Farb- (z.B. -stifte)	**berwarna**	[bərwarna]
Farb- (z.B. -film)	**warna**	[warna]
schwarz-weiß	**hitam-putih**	[hitam-putih]
einfarbig	**polos, satu warna**	[polos], [satu warna]
bunt	**berwarna-warni**	[bərwarna-warni]

13. Fragen

Wer?	**Siapa?**	[siapa?]
Was?	**Apa?**	[apa?]
Wo?	**Di mana?**	[di mana?]
Wohin?	**Ke mana?**	[ke mana?]
Woher?	**Dari mana?**	[dari mana?]
Wann?	**Kapan?**	[kapan?]
Wozu?	**Mengapa?**	[məŋapa?]
Warum?	**Mengapa?**	[məŋapa?]
Wofür?	**Untuk apa?**	[untuˀ apa?]
Wie?	**Bagaimana?**	[bagajmana?]
Welcher?	**Apa? Yang mana?**	[apa?], [yaŋ mana?]
Wem?	**Kepada siapa? Untuk siapa?**	[kepada siapa?], [untuˀ siapa?]
Über wen?	**Tentang siapa?**	[tentaŋ siapa?]
Wovon? (~ sprichst du?)	**Tentang apa?**	[tentaŋ apa?]
Mit wem?	**Dengan siapa?**	[deŋan siapa?]
Wie viel? Wie viele?	**Berapa?**	[bərapa?]
Wessen?	**Milik siapa?**	[miliˀ siapa?]

14. Funktionswörter. Adverbien. Teil 1

Wo?	**Di mana?**	[di mana?]
hier	**di sini**	[di sini]
dort	**di sana**	[di sana]
irgendwo	**di suatu tempat**	[di suatu tempat]
nirgends	**tak ada di mana pun**	[taˀ ada di mana pun]
an (bei)	**dekat**	[dekat]
am Fenster	**dekat jendela**	[dekat dʒʲendela]
Wohin?	**Ke mana?**	[ke mana?]
hierher	**ke sini**	[ke sini]
dahin	**ke sana**	[ke sana]
von hier	**dari sini**	[dari sini]
von da	**dari sana**	[dari sana]

nah (Adv)	**dekat**	[dekat]
weit, fern (Adv)	**jauh**	[ʤʲauh]
in der Nähe von ...	**dekat**	[dekat]
in der Nähe	**dekat**	[dekat]
unweit (~ unseres Hotels)	**tidak jauh**	[tidaˀ ʤʲauh]
link (Adj)	**kiri**	[kiri]
links (Adv)	**di kiri**	[di kiri]
nach links	**ke kiri**	[ke kiri]
recht (Adj)	**kanan**	[kanan]
rechts (Adv)	**di kanan**	[di kanan]
nach rechts	**ke kanan**	[ke kanan]
vorne (Adv)	**di depan**	[di depan]
Vorder-	**depan**	[depan]
vorwärts	**ke depan**	[ke depan]
hinten (Adv)	**di belakang**	[di belakaŋ]
von hinten	**dari belakang**	[dari belakaŋ]
rückwärts (Adv)	**mundur**	[mundur]
Mitte (f)	**tengah**	[teŋah]
in der Mitte	**di tengah**	[di teŋah]
seitlich (Adv)	**di sisi, di samping**	[di sisi], [di sampiŋ]
überall (Adv)	**di mana-mana**	[di mana-mana]
ringsherum (Adv)	**di sekitar**	[di sekitar]
von innen (Adv)	**dari dalam**	[dari dalam]
irgendwohin (Adv)	**ke suatu tempat**	[ke suatu tempat]
geradeaus (Adv)	**terus**	[terus]
zurück (Adv)	**kembali**	[kembali]
irgendwoher (Adv)	**dari mana pun**	[dari mana pun]
von irgendwo (Adv)	**dari suatu tempat**	[dari suatu tempat]
erstens	**pertama**	[pərtama]
zweitens	**kedua**	[kedua]
drittens	**ketiga**	[ketiga]
plötzlich (Adv)	**tiba-tiba**	[tiba-tiba]
zuerst (Adv)	**mula-mula**	[mula-mula]
zum ersten Mal	**untuk pertama kalinya**	[untuˀ pərtama kalinja]
lange vor...	**jauh sebelum ...**	[ʤʲauh sebelum ...]
von Anfang an	**kembali**	[kembali]
für immer	**untuk selama-lamanya**	[untuˀ selama-lamanja]
nie (Adv)	**tidak pernah**	[tidaˀ pərnah]
wieder (Adv)	**lagi, kembali**	[lagi], [kembali]
jetzt (Adv)	**sekarang**	[sekaraŋ]
oft (Adv)	**sering, seringkali**	[seriŋ], [seriŋkali]
damals (Adv)	**ketika itu**	[ketika itu]
dringend (Adv)	**segera**	[segera]
gewöhnlich (Adv)	**biasanya**	[biasanja]

übrigens, ...	**ngomong-ngomong ...**	[ŋomoŋ-ŋomoŋ ...]
möglicherweise (Adv)	**mungkin**	[muŋkin]
wahrscheinlich (Adv)	**mungkin**	[muŋkin]
vielleicht (Adv)	**mungkin**	[muŋkin]
außerdem ...	**selain itu ...**	[selajn itu ...]
deshalb ...	**karena itu ...**	[karena itu ...]
trotz ...	**meskipun ...**	[meskipun ...]
dank ...	**berkat ...**	[berkat ...]
was (~ ist denn?)	**apa**	[apa]
das (~ ist alles)	**bahwa**	[bahwa]
etwas	**sesuatu**	[sesuatu]
irgendwas	**sesuatu**	[sesuatu]
nichts	**tidak sesuatu pun**	[tidaˀ sesuatu pun]
wer (~ ist ~?)	**siapa**	[siapa]
jemand	**seseorang**	[seseoraŋ]
irgendwer	**seseorang**	[seseoraŋ]
niemand	**tidak seorang pun**	[tidaˀ seoraŋ pun]
nirgends	**tidak ke mana pun**	[tidaˀ ke mana pun]
niemandes (~ Eigentum)	**tidak milik siapa pun**	[tidaˀ miliˀ siapa pun]
jemandes	**milik seseorang**	[miliˀ seseoraŋ]
so (derart)	**sangat**	[saŋat]
auch	**juga**	[dʒʲuga]
ebenfalls	**juga**	[dʒʲuga]

15. Funktionswörter. Adverbien. Teil 2

Warum?	**Mengapa?**	[məŋapa?]
aus irgendeinem Grund	**entah mengapa**	[entah məŋapa]
weil ...	**karena ...**	[karena ...]
zu irgendeinem Zweck	**untuk tujuan tertentu**	[untuˀ tudʒʲuan tərtentu]
und	**dan**	[dan]
oder	**atau**	[atau]
aber	**tetapi, namun**	[tetapi], [namun]
für (präp)	**untuk**	[untuˀ]
zu (~ viele)	**terlalu**	[tərlalu]
nur (~ einmal)	**hanya**	[hanja]
genau (Adv)	**tepat**	[tepat]
etwa	**sekitar**	[sekitar]
ungefähr (Adv)	**kira-kira**	[kira-kira]
ungefähr (Adj)	**kira-kira**	[kira-kira]
fast	**hampir**	[hampir]
Übrige (n)	**selebihnya, sisanya**	[selebihnja], [sisanja]
der andere	**kedua**	[kedua]
andere	**lain**	[lain]
jeder (~ Mann)	**setiap**	[setiap]
beliebig (Adj)	**sebarang**	[sebaraŋ]

viel	**banyak**	[banjaˀ]
viele Menschen	**banyak orang**	[banjaˀ oraŋ]
alle (wir ~)	**semua**	[semua]
im Austausch gegen ...	**sebagai ganti ...**	[sebagaj ganti ...]
dafür (Adv)	**sebagai gantinya**	[sebagaj gantinja]
mit der Hand (Hand-)	**dengan tangan**	[deŋan taŋan]
schwerlich (Adv)	**hampir tidak**	[hampir tidaˀ]
wahrscheinlich (Adv)	**mungkin**	[muŋkin]
absichtlich (Adv)	**sengaja**	[seŋaʤʲa]
zufällig (Adv)	**tidak sengaja**	[tidaˀ seŋaʤʲa]
sehr (Adv)	**sangat**	[saŋat]
zum Beispiel	**misalnya**	[misalnja]
zwischen	**antara**	[antara]
unter (Wir sind ~ Mördern)	**di antara**	[di antara]
so viele (~ Ideen)	**banyak sekali**	[banjaˀ sekali]
besonders (Adv)	**terutama**	[tərutama]

Grundbegriffe. Teil 2

16. Wochentage

Montag (m)	**Hari Senin**	[hari senin]
Dienstag (m)	**Hari Selasa**	[hari selasa]
Mittwoch (m)	**Hari Rabu**	[hari rabu]
Donnerstag (m)	**Hari Kamis**	[hari kamis]
Freitag (m)	**Hari Jumat**	[hari dʒʲumat]
Samstag (m)	**Hari Sabtu**	[hari sabtu]
Sonntag (m)	**Hari Minggu**	[hari miŋgu]
heute	**hari ini**	[hari ini]
morgen	**besok**	[besoˀ]
übermorgen	**besok lusa**	[besoˀ lusa]
gestern	**kemarin**	[kemarin]
vorgestern	**kemarin dulu**	[kemarin dulu]
Tag (m)	**hari**	[hari]
Arbeitstag (m)	**hari kerja**	[hari kerdʒʲa]
Feiertag (m)	**hari libur**	[hari libur]
freier Tag (m)	**hari libur**	[hari libur]
Wochenende (n)	**akhir pekan**	[ahir pekan]
den ganzen Tag	**seharian**	[seharian]
am nächsten Tag	**hari berikutnya**	[hari bərikutnja]
zwei Tage vorher	**dua hari lalu**	[dua hari lalu]
am Vortag	**hari sebelumnya**	[hari sebelumnja]
täglich (Adj)	**harian**	[harian]
täglich (Adv)	**tiap hari**	[tiap hari]
Woche (f)	**minggu**	[miŋgu]
letzte Woche	**minggu lalu**	[miŋgu lalu]
nächste Woche	**minggu berikutnya**	[miŋgu bərikutnja]
wöchentlich (Adj)	**mingguan**	[miŋguan]
wöchentlich (Adv)	**tiap minggu**	[tiap miŋgu]
zweimal pro Woche	**dua kali seminggu**	[dua kali semiŋgu]
jeden Dienstag	**tiap Hari Selasa**	[tiap hari selasa]

17. Stunden. Tag und Nacht

Morgen (m)	**pagi**	[pagi]
morgens	**pada pagi hari**	[pada pagi hari]
Mittag (m)	**tengah hari**	[teŋah hari]
nachmittags	**pada sore hari**	[pada sore hari]
Abend (m)	**sore, malam**	[sore], [malam]
abends	**waktu sore**	[waktu sore]

Nacht (f)	**malam**	[malam]
nachts	**pada malam hari**	[pada malam hari]
Mitternacht (f)	**tengah malam**	[teŋah malam]
Sekunde (f)	**detik**	[deti?]
Minute (f)	**menit**	[menit]
Stunde (f)	**jam**	[ʤʲam]
eine halbe Stunde	**setengah jam**	[seteŋah ʤʲam]
Viertelstunde (f)	**seperempat jam**	[seperempat ʤʲam]
fünfzehn Minuten	**lima belas menit**	[lima belas menit]
Tag und Nacht	**siang-malam**	[siaŋ-malam]
Sonnenaufgang (m)	**matahari terbit**	[matahari tərbit]
Morgendämmerung (f)	**subuh**	[subuh]
früher Morgen (m)	**dini pagi**	[dini pagi]
Sonnenuntergang (m)	**matahari terbenam**	[matahari tərbenam]
früh am Morgen	**pagi-pagi**	[pagi-pagi]
heute Morgen	**pagi ini**	[pagi ini]
morgen früh	**besok pagi**	[beso? pagi]
heute Mittag	**sore ini**	[sore ini]
nachmittags	**pada sore hari**	[pada sore hari]
morgen Nachmittag	**besok sore**	[beso? sore]
heute Abend	**sore ini**	[sore ini]
morgen Abend	**besok malam**	[beso? malam]
Punkt drei Uhr	**pukul 3 tepat**	[pukul tiga tepat]
gegen vier Uhr	**sekitar pukul 4**	[sekitar pukul empat]
um zwölf Uhr	**pada pukul 12**	[pada pukul belas]
in zwanzig Minuten	**dalam 20 menit**	[dalam dua puluh menit]
in einer Stunde	**dalam satu jam**	[dalam satu ʤʲam]
rechtzeitig (Adv)	**tepat waktu**	[tepat waktu]
Viertel vor ...	**... kurang seperempat**	[... kuraŋ seperempat]
innerhalb einer Stunde	**selama sejam**	[selama seʤʲam]
alle fünfzehn Minuten	**tiap 15 menit**	[tiap lima belas menit]
Tag und Nacht	**siang-malam**	[siaŋ-malam]

18. Monate. Jahreszeiten

Januar (m)	**Januari**	[ʤʲanuari]
Februar (m)	**Februari**	[februari]
März (m)	**Maret**	[maret]
April (m)	**April**	[april]
Mai (m)	**Mei**	[mei]
Juni (m)	**Juni**	[ʤʲuni]
Juli (m)	**Juli**	[ʤʲuli]
August (m)	**Augustus**	[augustus]
September (m)	**September**	[september]
Oktober (m)	**Oktober**	[oktober]

November (m)	**November**	[november]
Dezember (m)	**Desember**	[desember]
Frühling (m)	**musim semi**	[musim semi]
im Frühling	**pada musim semi**	[pada musim semi]
Frühlings-	**musim semi**	[musim semi]
Sommer (m)	**musim panas**	[musim panas]
im Sommer	**pada musim panas**	[pada musim panas]
Sommer-	**musim panas**	[musim panas]
Herbst (m)	**musim gugur**	[musim gugur]
im Herbst	**pada musim gugur**	[pada musim gugur]
Herbst-	**musim gugur**	[musim gugur]
Winter (m)	**musim dingin**	[musim diŋin]
im Winter	**pada musim dingin**	[pada musim diŋin]
Winter-	**musim dingin**	[musim diŋin]
Monat (m)	**bulan**	[bulan]
in diesem Monat	**bulan ini**	[bulan ini]
nächsten Monat	**bulan depan**	[bulan depan]
letzten Monat	**bulan lalu**	[bulan lalu]
vor einem Monat	**sebulan lalu**	[sebulan lalu]
über eine Monat	**dalam satu bulan**	[dalam satu bulan]
in zwei Monaten	**dalam 2 bulan**	[dalam dua bulan]
den ganzen Monat	**sebulan penuh**	[sebulan penuh]
monatlich (Adj)	**bulanan**	[bulanan]
monatlich (Adv)	**tiap bulan**	[tiap bulan]
jeden Monat	**tiap bulan**	[tiap bulan]
zweimal pro Monat	**dua kali sebulan**	[dua kali sebulan]
Jahr (n)	**tahun**	[tahun]
dieses Jahr	**tahun ini**	[tahun ini]
nächstes Jahr	**tahun depan**	[tahun depan]
voriges Jahr	**tahun lalu**	[tahun lalu]
vor einem Jahr	**setahun lalu**	[setahun lalu]
in einem Jahr	**dalam satu tahun**	[dalam satu tahun]
in zwei Jahren	**dalam 2 tahun**	[dalam dua tahun]
das ganze Jahr	**setahun penuh**	[setahun penuh]
jedes Jahr	**tiap tahun**	[tiap tahun]
jährlich (Adj)	**tahunan**	[tahunan]
jährlich (Adv)	**tiap tahun**	[tiap tahun]
viermal pro Jahr	**empat kali setahun**	[empat kali setahun]
Datum (heutige ~)	**tanggal**	[taŋgal]
Datum (Geburts-)	**tanggal**	[taŋgal]
Kalender (m)	**kalender**	[kalender]
ein halbes Jahr	**setengah tahun**	[seteŋah tahun]
Halbjahr (n)	**enam bulan**	[enam bulan]
Saison (f)	**musim**	[musim]
Jahrhundert (n)	**abad**	[abad]

19. Zeit. Verschiedenes

Zeit (f)	**waktu**	[waktu]
Augenblick (m)	**sekejap**	[sekedʒʲap]
Moment (m)	**saat, waktu**	[saˀat], [waktu]
augenblicklich (Adj)	**seketika**	[seketika]
Zeitspanne (f)	**jangka waktu**	[dʒʲaŋka waktu]
Leben (n)	**kehidupan, hidup**	[kehidupan], [hidup]
Ewigkeit (f)	**keabadiaan**	[keabadiaˀan]
Epoche (f)	**zaman**	[zaman]
Ära (f)	**era**	[era]
Zyklus (m)	**siklus**	[siklus]
Periode (f)	**periode, kurun waktu**	[pəriode], [kurun waktu]
Frist (äußerste ~)	**jangka waktu**	[dʒʲaŋka waktu]
Zukunft (f)	**masa depan**	[masa depan]
zukünftig (Adj)	**yang akan datang**	[yaŋ akan dataŋ]
nächstes Mal	**lain kali**	[lain kali]
Vergangenheit (f)	**masa lalu**	[masa lalu]
vorig (Adj)	**lalu**	[lalu]
letztes Mal	**terakhir kali**	[tərahir kali]
später (Adv)	**kemudian**	[kemudian]
danach	**sesudah**	[sesudah]
zur Zeit	**sekarang**	[sekaraŋ]
jetzt	**saat ini**	[saˀat ini]
sofort	**segera**	[segera]
bald	**segera**	[segera]
im Voraus	**sebelumnya**	[sebelumnja]
lange her	**dahulu kala**	[dahulu kala]
vor kurzem	**baru-baru ini**	[baru-baru ini]
Schicksal (n)	**nasib**	[nasib]
Erinnerungen (pl)	**kenang-kenangan**	[kenaŋ-kenaŋan]
Archiv (n)	**arsip**	[arsip]
während ...	**selama ...**	[selama ...]
lange (Adv)	**lama**	[lama]
nicht lange (Adv)	**tidak lama**	[tidaˀ lama]
früh (~ am Morgen)	**pagi-pagi**	[pagi-pagi]
spät (Adv)	**terlambat**	[tərlambat]
für immer	**untuk selama-lamanya**	[untuˀ selama-lamanja]
beginnen (vt)	**memulai**	[memulaj]
verschieben (vt)	**menunda**	[mənunda]
gleichzeitig	**serentak**	[serentaˀ]
ständig (Adv)	**tetap**	[tetap]
konstant (Adj)	**terus menerus**	[terus menerus]
zeitweilig (Adj)	**sementara**	[sementara]
manchmal	**kadang-kadang**	[kadaŋ-kadaŋ]
selten (Adv)	**jarang**	[dʒʲaraŋ]
oft	**sering, seringkali**	[seriŋ], [seriŋkali]

20. Gegenteile

reich (Adj)	**kaya**	[kaja]
arm (Adj)	**miskin**	[miskin]
krank (Adj)	**sakit**	[sakit]
gesund (Adj)	**sehat**	[sehat]
groß (Adj)	**besar**	[besar]
klein (Adj)	**kecil**	[keʧil]
schnell (Adv)	**cepat**	[ʧepat]
langsam (Adv)	**perlahan-lahan**	[pərlahan-lahan]
schnell (Adj)	**cepat**	[ʧepat]
langsam (Adj)	**lambat**	[lambat]
froh (Adj)	**riang**	[riaŋ]
traurig (Adj)	**sedih**	[sedih]
zusammen	**bersama**	[bərsama]
getrennt (Adv)	**terpisah**	[tərpisah]
laut (~ lesen)	**dengan keras**	[deŋan keras]
still (~ lesen)	**dalam hati**	[dalam hati]
hoch (Adj)	**tinggi**	[tiŋgi]
niedrig (Adj)	**rendah**	[rendah]
tief (Adj)	**dalam**	[dalam]
flach (Adj)	**dangkal**	[daŋkal]
ja	**ya**	[ya]
nein	**tidak**	[tidaˀ]
fern (Adj)	**jauh**	[ʤʲauh]
nah (Adj)	**dekat**	[dekat]
weit (Adv)	**jauh**	[ʤʲauh]
nebenan (Adv)	**dekat**	[dekat]
lang (Adj)	**panjang**	[panʤʲaŋ]
kurz (Adj)	**pendek**	[pendeˀ]
gut (gütig)	**baik hati**	[bajˀ hati]
böse (der ~ Geist)	**jahat**	[ʤʲahat]
verheiratet (Ehemann)	**menikah**	[mənikah]
ledig (Adj)	**bujang**	[buʤʲaŋ]
verbieten (vt)	**melarang**	[melaraŋ]
erlauben (vt)	**mengizinkan**	[məŋizinkan]
Ende (n)	**akhir**	[ahir]
Anfang (m)	**permulaan**	[pərmulaˀan]

link (Adj)	**kiri**	[kiri]
recht (Adj)	**kanan**	[kanan]
der erste	**pertama**	[pərtama]
der letzte	**terakhir**	[tərahir]
Verbrechen (n)	**kejahatan**	[kedʒʲahatan]
Bestrafung (f)	**hukuman**	[hukuman]
befehlen (vt)	**memerintahkan**	[memerintahkan]
gehorchen (vi)	**mematuhi**	[mematuhi]
gerade (Adj)	**lurus**	[lurus]
krumm (Adj)	**melengkung**	[meleŋkuŋ]
Paradies (n)	**surga**	[surga]
Hölle (f)	**neraka**	[neraka]
geboren sein	**lahir**	[lahir]
sterben (vi)	**mati, meninggal**	[mati], [meniŋgal]
stark (Adj)	**kuat**	[kuat]
schwach (Adj)	**lemah**	[lemah]
alt	**tua**	[tua]
jung (Adj)	**muda**	[muda]
alt (Adj)	**tua**	[tua]
neu (Adj)	**baru**	[baru]
hart (Adj)	**keras**	[keras]
weich (Adj)	**lunak**	[lunaˀ]
warm (Adj)	**hangat**	[haŋat]
kalt (Adj)	**dingin**	[diŋin]
dick (Adj)	**gemuk**	[gemuˀ]
mager (Adj)	**kurus**	[kurus]
eng (Adj)	**sempit**	[sempit]
breit (Adj)	**lebar**	[lebar]
gut (Adj)	**baik**	[bajˀ]
schlecht (Adj)	**buruk**	[buruˀ]
tapfer (Adj)	**pemberani**	[pemberani]
feige (Adj)	**penakut**	[penakut]

21. Linien und Formen

Quadrat (n)	**bujur sangkar**	[budʒʲur saŋkar]
quadratisch	**persegi**	[pərsegi]
Kreis (m)	**lingkaran**	[liŋkaran]
rund	**bundar**	[bundar]

Dreieck (n)	**segi tiga**	[segi tiga]
dreieckig	**segi tiga**	[segi tiga]
Oval (n)	**oval**	[oval]
oval	**oval**	[oval]
Rechteck (n)	**segi empat**	[segi empat]
rechteckig	**siku-siku**	[siku-siku]
Pyramide (f)	**piramida**	[piramida]
Rhombus (m)	**rombus**	[rombus]
Trapez (n)	**trapesium**	[trapesium]
Würfel (m)	**kubus**	[kubus]
Prisma (n)	**prisma**	[prisma]
Kreis (m)	**lingkar**	[liŋkar]
Sphäre (f)	**bulatan**	[bulatan]
Kugel (f)	**bola**	[bola]
Durchmesser (m)	**diameter**	[diameter]
Radius (m)	**radius, jari-jari**	[radius], [dʒʲari-dʒʲari]
Umfang (m)	**perimeter**	[pərimeter]
Zentrum (n)	**pusat**	[pusat]
waagerecht (Adj)	**horizontal, mendatar**	[horizontal], [mendatar]
senkrecht (Adj)	**vertikal, tegak lurus**	[vertikal], [tegaʔ lurus]
Parallele (f)	**sejajar**	[sedʒʲadʒʲar]
parallel (Adj)	**sejajar**	[sedʒʲadʒʲar]
Linie (f)	**garis**	[garis]
Strich (m)	**garis**	[garis]
Gerade (f)	**garis lurus**	[garis lurus]
Kurve (f)	**garis lengkung**	[garis leŋkuŋ]
dünn (schmal)	**tipis**	[tipis]
Kontur (f)	**kontur**	[kontur]
Schnittpunkt (m)	**titik potong**	[titiʔ potoŋ]
rechter Winkel (m)	**sudut siku-siku**	[sudut siku-siku]
Segment (n)	**segmen**	[segmen]
Sektor (m)	**sektor**	[sektor]
Seite (f)	**segi**	[segi]
Winkel (m)	**sudut**	[sudut]

22. Maßeinheiten

Gewicht (n)	**berat**	[berat]
Länge (f)	**panjang**	[pandʒʲaŋ]
Breite (f)	**lebar**	[lebar]
Höhe (f)	**ketinggian**	[ketiŋgian]
Tiefe (f)	**kedalaman**	[kedalaman]
Volumen (n)	**volume, isi**	[volume], [isi]
Fläche (f)	**luas**	[luas]
Gramm (n)	**gram**	[gram]
Milligramm (n)	**miligram**	[miligram]
Kilo (n)	**kilogram**	[kilogram]

Tonne (f)	**ton**	[ton]
Pfund (n)	**pon**	[pon]
Unze (f)	**ons**	[ons]
Meter (m)	**meter**	[meter]
Millimeter (m)	**milimeter**	[milimeter]
Zentimeter (m)	**sentimeter**	[sentimeter]
Kilometer (m)	**kilometer**	[kilometer]
Meile (f)	**mil**	[mil]
Zoll (m)	**inci**	[intʃi]
Fuß (m)	**kaki**	[kaki]
Yard (n)	**yard**	[yard]
Quadratmeter (m)	**meter persegi**	[meter pərsegi]
Hektar (n)	**hektar**	[hektar]
Liter (m)	**liter**	[liter]
Grad (m)	**derajat**	[deradʒʲat]
Volt (n)	**volt**	[volt]
Ampere (n)	**ampere**	[ampere]
Pferdestärke (f)	**tenaga kuda**	[tenaga kuda]
Anzahl (f)	**kuantitas**	[kuantitas]
etwas ...	**sedikit ...**	[sedikit ...]
Hälfte (f)	**setengah**	[seteŋah]
Dutzend (n)	**lusin**	[lusin]
Stück (n)	**buah**	[buah]
Größe (f)	**ukuran**	[ukuran]
Maßstab (m)	**skala**	[skala]
minimal (Adj)	**minimal**	[minimal]
der kleinste	**terkecil**	[tərketʃil]
mittler, mittel-	**sedang**	[sedaŋ]
maximal (Adj)	**maksimal**	[maksimal]
der größte	**terbesar**	[tərbesar]

23. Behälter

Glas (Einmachglas)	**gelas**	[gelas]
Dose (z.B. Bierdose)	**kaleng**	[kaleŋ]
Eimer (m)	**ember**	[ember]
Fass (n), Tonne (f)	**tong**	[toŋ]
Waschschüssel (n)	**baskom**	[baskom]
Tank (m)	**tangki**	[taŋki]
Flachmann (m)	**pelples**	[pelples]
Kanister (m)	**jeriken**	[dʒʲeriken]
Zisterne (f)	**tangki**	[taŋki]
Kaffeebecher (m)	**mangkuk**	[maŋkuˀ]
Tasse (f)	**cangkir**	[tʃaŋkir]
Untertasse (f)	**alas cangkir**	[alas tʃaŋkir]

Wasserglas (n)	**gelas**	[gelas]
Weinglas (n)	**gelas anggur**	[gelas aŋgur]
Kochtopf (m)	**panci**	[pantʃi]
Flasche (f)	**botol**	[botol]
Flaschenhals (m)	**leher**	[leher]
Karaffe (f)	**karaf**	[karaf]
Tonkrug (m)	**kendi**	[kendi]
Gefäß (n)	**wadah**	[wadah]
Tontopf (m)	**pot**	[pot]
Vase (f)	**vas**	[vas]
Flakon (n)	**botol**	[botol]
Fläschchen (n)	**botol kecil**	[botol ketʃil]
Tube (z.B. Zahnpasta)	**tabung**	[tabuŋ]
Sack (~ Kartoffeln)	**karung**	[karuŋ]
Tüte (z.B. Plastiktüte)	**kantong**	[kantoŋ]
Schachtel (f) (z.B. Zigaretten~)	**bungkus**	[buŋkus]
Karton (z.B. Schuhkarton)	**kotak, kardus**	[kotak], [kardus]
Kiste (z.B. Bananenkiste)	**kotak**	[kotaʔ]
Korb (m)	**bakul**	[bakul]

24. Werkstoffe

Stoff (z.B. Baustoffe)	**bahan**	[bahan]
Holz (n)	**kayu**	[kaju]
hölzern	**kayu**	[kaju]
Glas (n)	**kaca**	[katʃa]
gläsern, Glas-	**kaca**	[katʃa]
Stein (m)	**batu**	[batu]
steinern	**batu**	[batu]
Kunststoff (m)	**plastik**	[plastiʔ]
Kunststoff-	**plastik**	[plastiʔ]
Gummi (n)	**karet**	[karet]
Gummi-	**karet**	[karet]
Stoff (m)	**kain**	[kain]
aus Stoff	**kain**	[kain]
Papier (n)	**kertas**	[kertas]
Papier-	**kertas**	[kertas]
Pappe (f)	**karton**	[karton]
Pappen-	**karton**	[karton]
Polyäthylen (n)	**polietilena**	[polietilena]
Zellophan (n)	**selofana**	[selofana]

Linoleum (n)	**linoleum**	[linoleum]
Furnier (n)	**kayu lapis**	[kaju lapis]
Porzellan (n)	**porselen**	[porselen]
aus Porzellan	**porselen**	[porselen]
Ton (m)	**tanah liat**	[tanah liat]
Ton-	**gerabah**	[gerabah]
Keramik (f)	**keramik**	[keramiˀ]
keramisch	**keramik**	[keramiˀ]

25. Metalle

Metall (n)	**logam**	[logam]
metallisch, Metall-	**logam**	[logam]
Legierung (f)	**aloi, lakur**	[aloy], [lakur]
Gold (n)	**emas**	[emas]
golden	**emas**	[emas]
Silber (n)	**perak**	[peraˀ]
silbern, Silber-	**perak**	[peraˀ]
Eisen (n)	**besi**	[besi]
eisern, Eisen-	**besi**	[besi]
Stahl (m)	**baja**	[badʒʲa]
stählern	**baja**	[badʒʲa]
Kupfer (n)	**tembaga**	[tembaga]
kupfern, Kupfer-	**tembaga**	[tembaga]
Aluminium (n)	**aluminium**	[aluminium]
Aluminium-	**aluminium**	[aluminium]
Bronze (f)	**perunggu**	[pəruŋgu]
bronzen	**perunggu**	[pəruŋgu]
Messing (n)	**kuningan**	[kuniŋan]
Nickel (n)	**nikel**	[nikel]
Platin (n)	**platinum**	[platinum]
Quecksilber (n)	**air raksa**	[air raksa]
Zinn (n)	**timah**	[timah]
Blei (n)	**timbal**	[timbal]
Zink (n)	**seng**	[seŋ]

DER MENSCH

Der Mensch. Körper

26. Menschen. Grundbegriffe

Mensch (m)	**manusia**	[manusia]
Mann (m)	**laki-laki, pria**	[laki-laki], [pria]
Frau (f)	**perempuan, wanita**	[pərempuan], [wanita]
Kind (n)	**anak**	[anaˀ]
Mädchen (n)	**anak perempuan**	[anaˀ pərempuan]
Junge (m)	**anak laki-laki**	[anaˀ laki-laki]
Teenager (m)	**remaja**	[remadʒʲa]
Greis (m)	**lelaki tua**	[lelaki tua]
alte Frau (f)	**perempuan tua**	[pərempuan tua]

27. Anatomie des Menschen

Organismus (m)	**organisme**	[organisme]
Herz (n)	**jantung**	[dʒʲantuŋ]
Blut (n)	**darah**	[darah]
Arterie (f)	**arteri, pembuluh darah**	[arteri], [pembuluh darah]
Vene (f)	**vena**	[vena]
Gehirn (n)	**otak**	[otaˀ]
Nerv (m)	**saraf**	[saraf]
Nerven (pl)	**saraf**	[saraf]
Wirbel (m)	**ruas**	[ruas]
Wirbelsäule (f)	**tulang belakang**	[tulaŋ belakaŋ]
Magen (m)	**lambung**	[lambuŋ]
Gedärm (n)	**usus**	[usus]
Darm (z.B. Dickdarm)	**usus**	[usus]
Leber (f)	**hati**	[hati]
Niere (f)	**ginjal**	[gindʒʲal]
Knochen (m)	**tulang**	[tulaŋ]
Skelett (n)	**skelet, rangka**	[skelet], [raŋka]
Rippe (f)	**tulang rusuk**	[tulaŋ rusuˀ]
Schädel (m)	**tengkorak**	[teŋkoraˀ]
Muskel (m)	**otot**	[otot]
Bizeps (m)	**bisep**	[bisep]
Trizeps (m)	**trisep**	[trisep]
Sehne (f)	**tendon**	[tendon]
Gelenk (n)	**sendi**	[sendi]

Lungen (pl)	**paru-paru**	[paru-paru]
Geschlechtsorgane (pl)	**kemaluan**	[kemaluan]
Haut (f)	**kulit**	[kulit]

28. Kopf

Kopf (m)	**kepala**	[kepala]
Gesicht (n)	**wajah**	[wadʒʲah]
Nase (f)	**hidung**	[hiduŋ]
Mund (m)	**mulut**	[mulut]
Auge (n)	**mata**	[mata]
Augen (pl)	**mata**	[mata]
Pupille (f)	**pupil, biji mata**	[pupil], [bidʒi mata]
Augenbraue (f)	**alis**	[alis]
Wimper (f)	**bulu mata**	[bulu mata]
Augenlid (n)	**kelopak mata**	[kelopaˀ mata]
Zunge (f)	**lidah**	[lidah]
Zahn (m)	**gigi**	[gigi]
Lippen (pl)	**bibir**	[bibir]
Backenknochen (pl)	**tulang pipi**	[tulaŋ pipi]
Zahnfleisch (n)	**gusi**	[gusi]
Gaumen (m)	**langit-langit mulut**	[laŋit-laŋit mulut]
Nasenlöcher (pl)	**lubang hidung**	[lubaŋ hiduŋ]
Kinn (n)	**dagu**	[dagu]
Kiefer (m)	**rahang**	[rahaŋ]
Wange (f)	**pipi**	[pipi]
Stirn (f)	**dahi**	[dahi]
Schläfe (f)	**pelipis**	[pelipis]
Ohr (n)	**telinga**	[teliŋa]
Nacken (m)	**tengkuk**	[teŋkuˀ]
Hals (m)	**leher**	[leher]
Kehle (f)	**tenggorok**	[teŋgoroˀ]
Haare (pl)	**rambut**	[rambut]
Frisur (f)	**tatanan rambut**	[tatanan rambut]
Haarschnitt (m)	**potongan rambut**	[potoŋan rambut]
Perücke (f)	**wig, rambut palsu**	[wig], [rambut palsu]
Schnurrbart (m)	**kumis**	[kumis]
Bart (m)	**janggut**	[dʒʲaŋgut]
haben (einen Bart ~)	**memelihara**	[memelihara]
Zopf (m)	**kepang**	[kepaŋ]
Backenbart (m)	**brewok**	[brewoˀ]
rothaarig	**merah pirang**	[merah piraŋ]
grau	**beruban**	[bəruban]
kahl	**botak, plontos**	[botak], [plontos]
Glatze (f)	**botak**	[botaˀ]
Pferdeschwanz (m)	**ekor kuda**	[ekor kuda]
Pony (Ponyfrisur)	**poni rambut**	[poni rambut]

29. Menschlicher Körper

Hand (f)	**tangan**	[taŋan]
Arm (m)	**lengan**	[leŋan]
Finger (m)	**jari**	[dʒʲari]
Zehe (f)	**jari**	[dʒʲari]
Daumen (m)	**jempol**	[dʒʲempol]
kleiner Finger (m)	**jari kelingking**	[dʒʲari keliŋkiŋ]
Nagel (m)	**kuku**	[kuku]
Faust (f)	**kepalan tangan**	[kepalan taŋan]
Handfläche (f)	**telapak**	[telapaˀ]
Handgelenk (n)	**pergelangan**	[pərgelaŋan]
Unterarm (m)	**lengan bawah**	[leŋan bawah]
Ellbogen (m)	**siku**	[siku]
Schulter (f)	**bahu**	[bahu]
Bein (n)	**kaki**	[kaki]
Fuß (m)	**telapak kaki**	[telapaˀ kaki]
Knie (n)	**lutut**	[lutut]
Wade (f)	**betis**	[betis]
Hüfte (f)	**paha**	[paha]
Ferse (f)	**tumit**	[tumit]
Körper (m)	**tubuh**	[tubuh]
Bauch (m)	**perut**	[perut]
Brust (f)	**dada**	[dada]
Busen (m)	**payudara**	[pajudara]
Seite (f), Flanke (f)	**rusuk**	[rusuˀ]
Rücken (m)	**punggung**	[puŋguŋ]
Kreuz (n)	**pinggang bawah**	[piŋgaŋ bawah]
Taille (f)	**pinggang**	[piŋgaŋ]
Nabel (m)	**pusar**	[pusar]
Gesäßbacken (pl)	**pantat**	[pantat]
Hinterteil (n)	**pantat**	[pantat]
Leberfleck (m)	**tanda lahir**	[tanda lahir]
Muttermal (n)	**tanda lahir**	[tanda lahir]
Tätowierung (f)	**tato**	[tato]
Narbe (f)	**parut luka**	[parut luka]

Kleidung & Accessoires

30. Oberbekleidung. Mäntel

Kleidung (f)	**pakaian**	[pakajan]
Oberkleidung (f)	**pakaian luar**	[pakajan luar]
Winterkleidung (f)	**pakaian musim dingin**	[pakajan musim diŋin]
Mantel (m)	**mantel**	[mantel]
Pelzmantel (m)	**mantel bulu**	[mantel bulu]
Pelzjacke (f)	**jaket bulu**	[dʒʲaket bulu]
Daunenjacke (f)	**jaket bulu halus**	[dʒʲaket bulu halus]
Jacke (z.B. Lederjacke)	**jaket**	[dʒʲaket]
Regenmantel (m)	**jas hujan**	[dʒʲas hudʒʲan]
wasserdicht	**kedap air**	[kedap air]

31. Herren- & Damenbekleidung

Hemd (n)	**kemeja**	[kemedʒʲa]
Hose (f)	**celana**	[ʧelana]
Jeans (pl)	**celana jins**	[ʧelana dʒins]
Jackett (n)	**jas**	[dʒʲas]
Anzug (m)	**setelan**	[setelan]
Damenkleid (n)	**gaun**	[gaun]
Rock (m)	**rok**	[roˀ]
Bluse (f)	**blus**	[blus]
Strickjacke (f)	**jaket wol**	[dʒʲaket wol]
Jacke (Damen Kostüm)	**jaket**	[dʒʲaket]
T-Shirt (n)	**baju kaus**	[badʒʲu kaus]
Shorts (pl)	**celana pendek**	[ʧelana pendeˀ]
Sportanzug (m)	**pakaian olahraga**	[pakajan olahraga]
Bademantel (m)	**jubah mandi**	[dʒʲubah mandi]
Schlafanzug (m)	**piyama**	[piyama]
Sweater (m)	**sweter**	[sweter]
Pullover (m)	**pulover**	[pulover]
Weste (f)	**rompi**	[rompi]
Frack (m)	**jas berbuntut**	[dʒʲas bərbuntut]
Smoking (m)	**jas malam**	[dʒʲas malam]
Uniform (f)	**seragam**	[seragam]
Arbeitskleidung (f)	**pakaian kerja**	[pakajan kerdʒʲa]
Overall (m)	**baju monyet**	[badʒʲu monjet]
Kittel (z.B. Arztkittel)	**jas**	[dʒʲas]

32. Kleidung. Unterwäsche

Unterwäsche (f)	**pakaian dalam**	[pakajan dalam]
Herrenslip (m)	**celana dalam lelaki**	[ʧelana dalam lelaki]
Damenslip (m)	**celana dalam wanita**	[ʧelana dalam wanita]
Unterhemd (n)	**singlet**	[siŋlet]
Socken (pl)	**kaus kaki**	[kaus kaki]
Nachthemd (n)	**baju tidur**	[badʒʲu tidur]
Büstenhalter (m)	**beha**	[beha]
Kniestrümpfe (pl)	**kaus kaki selutut**	[kaus kaki selutut]
Strumpfhose (f)	**pantihos**	[pantihos]
Strümpfe (pl)	**kaus kaki panjang**	[kaus kaki pandʒʲaŋ]
Badeanzug (m)	**baju renang**	[badʒʲu renaŋ]

33. Kopfbekleidung

Mütze (f)	**topi**	[topi]
Filzhut (m)	**topi bulat**	[topi bulat]
Baseballkappe (f)	**topi bisbol**	[topi bisbol]
Schiebermütze (f)	**topi pet**	[topi pet]
Baskenmütze (f)	**baret**	[baret]
Kapuze (f)	**kerudung kepala**	[keruduŋ kepala]
Panamahut (m)	**topi panama**	[topi panama]
Strickmütze (f)	**topi rajut**	[topi radʒʲut]
Kopftuch (n)	**tudung kepala**	[tuduŋ kepala]
Damenhut (m)	**topi wanita**	[topi wanita]
Schutzhelm (m)	**topi baja**	[topi badʒʲa]
Feldmütze (f)	**topi lipat**	[topi lipat]
Helm (z.B. Motorradhelm)	**helm**	[helm]
Melone (f)	**topi bulat**	[topi bulat]
Zylinder (m)	**topi tinggi**	[topi tiŋgi]

34. Schuhwerk

Schuhe (pl)	**sepatu**	[sepatu]
Stiefeletten (pl)	**sepatu bot**	[sepatu bot]
Halbschuhe (pl)	**sepatu wanita**	[sepatu wanita]
Stiefel (pl)	**sepatu lars**	[sepatu lars]
Hausschuhe (pl)	**pantofel**	[pantofel]
Tennisschuhe (pl)	**sepatu tenis**	[sepatu tenis]
Leinenschuhe (pl)	**sepatu kets**	[sepatu kets]
Sandalen (pl)	**sandal**	[sandal]
Schuster (m)	**tukang sepatu**	[tukaŋ sepatu]
Absatz (m)	**tumit**	[tumit]

Paar (n)	**sepasang**	[sepasaŋ]
Schnürsenkel (m)	**tali sepatu**	[tali sepatu]
schnüren (vt)	**mengikat tali**	[məŋikat tali]
Schuhlöffel (m)	**sendok sepatu**	[sendoˀ sepatu]
Schuhcreme (f)	**semir sepatu**	[semir sepatu]

35. Textilien. Stoffe

Baumwolle (f)	**katun**	[katun]
Baumwolle-	**katun**	[katun]
Leinen (m)	**linen**	[linen]
Leinen-	**linen**	[linen]
Seide (f)	**sutra**	[sutra]
Seiden-	**sutra**	[sutra]
Wolle (f)	**wol**	[wol]
Woll-	**wol**	[wol]
Samt (m)	**beledu**	[beledu]
Wildleder (n)	**suede**	[suede]
Cord (m)	**korduroi**	[korduroy]
Nylon (n)	**nilon**	[nilon]
Nylon-	**nilon**	[nilon]
Polyester (m)	**poliester**	[poliester]
Polyester-	**poliester**	[poliester]
Leder (n)	**kulit**	[kulit]
Leder-	**kulit**	[kulit]
Pelz (m)	**kulit berbulu**	[kulit bərbulu]
Pelz-	**bulu**	[bulu]

36. Persönliche Accessoires

Handschuhe (pl)	**sarung tangan**	[saruŋ taŋan]
Fausthandschuhe (pl)	**sarung tangan**	[saruŋ taŋan]
Schal (Kaschmir-)	**selendang**	[selendaŋ]
Brille (f)	**kacamata**	[katʃamata]
Brillengestell (n)	**bingkai**	[biŋkaj]
Regenschirm (m)	**payung**	[pajuŋ]
Spazierstock (m)	**tongkat jalan**	[toŋkat dʒʲalan]
Haarbürste (f)	**sikat rambut**	[sikat rambut]
Fächer (m)	**kipas**	[kipas]
Krawatte (f)	**dasi**	[dasi]
Fliege (f)	**dasi kupu-kupu**	[dasi kupu-kupu]
Hosenträger (pl)	**bretel**	[bretel]
Taschentuch (n)	**sapu tangan**	[sapu taŋan]
Kamm (m)	**sisir**	[sisir]
Haarspange (f)	**jepit rambut**	[dʒʲepit rambut]

Haarnadel (f)	**harnal**	[harnal]
Schnalle (f)	**gesper**	[gesper]
Gürtel (m)	**sabuk**	[sabuˀ]
Umhängegurt (m)	**tali tas**	[tali tas]
Tasche (f)	**tas**	[tas]
Handtasche (f)	**tas tangan**	[tas taŋan]
Rucksack (m)	**ransel**	[ransel]

37. Kleidung. Verschiedenes

Mode (f)	**mode**	[mode]
modisch	**modis**	[modis]
Modedesigner (m)	**perancang busana**	[pərantʃaŋ busana]
Kragen (m)	**kerah**	[kerah]
Tasche (f)	**saku**	[saku]
Taschen-	**saku**	[saku]
Ärmel (m)	**lengan**	[leŋan]
Aufhänger (m)	**tali kait**	[tali kait]
Hosenschlitz (m)	**golbi**	[golbi]
Reißverschluss (m)	**ritsleting**	[ritsletiŋ]
Verschluss (m)	**kancing**	[kantʃiŋ]
Knopf (m)	**kancing**	[kantʃiŋ]
Knopfloch (n)	**lubang kancing**	[lubaŋ kantʃiŋ]
abgehen (Knopf usw.)	**terlepas**	[tərlepas]
nähen (vi, vt)	**menjahit**	[məndʒʲahit]
sticken (vt)	**membordir**	[membordir]
Stickerei (f)	**bordiran**	[bordiran]
Nadel (f)	**jarum**	[dʒʲarum]
Faden (m)	**benang**	[benaŋ]
Naht (f)	**setik**	[setiˀ]
sich beschmutzen	**kena kotor**	[kena kotor]
Fleck (m)	**bercak**	[bertʃaˀ]
sich knittern	**kumal**	[kumal]
zerreißen (vt)	**merobek**	[merobeˀ]
Motte (f)	**ngengat**	[ŋeŋat]

38. Kosmetikartikel. Kosmetik

Zahnpasta (f)	**pasta gigi**	[pasta gigi]
Zahnbürste (f)	**sikat gigi**	[sikat gigi]
Zähne putzen	**menggosok gigi**	[məŋgosoˀ gigi]
Rasierer (m)	**pisau cukur**	[pisau tʃukur]
Rasiercreme (f)	**krim cukur**	[krim tʃukur]
sich rasieren	**bercukur**	[bərtʃukur]
Seife (f)	**sabun**	[sabun]

Shampoo (n)	**sampo**	[sampo]
Schere (f)	**gunting**	[gutiŋ]
Nagelfeile (f)	**kikir kuku**	[kikir kuku]
Nagelzange (f)	**pemotong kuku**	[pemotoŋ kuku]
Pinzette (f)	**pinset**	[pinset]
Kosmetik (f)	**kosmetik**	[kosmetiˀ]
Gesichtsmaske (f)	**masker**	[masker]
Maniküre (f)	**manikur**	[manikur]
Maniküre machen	**melakukan manikur**	[melakukan manikur]
Pediküre (f)	**pedi**	[pedi]
Kosmetiktasche (f)	**tas kosmetik**	[tas kosmetiˀ]
Puder (m)	**bedak**	[bedaˀ]
Puderdose (f)	**kotak bedak**	[kotaˀ bedaˀ]
Rouge (n)	**perona pipi**	[pərona pipi]
Parfüm (n)	**parfum**	[parfum]
Duftwasser (n)	**minyak wangi**	[minjaˀ waŋi]
Lotion (f)	**losion**	[losjon]
Kölnischwasser (n)	**kolonye**	[kolone]
Lidschatten (m)	**pewarna mata**	[pewarna mata]
Kajalstift (m)	**pensil alis**	[pensil alis]
Wimperntusche (f)	**celak**	[ʧelaˀ]
Lippenstift (m)	**lipstik**	[lipstiˀ]
Nagellack (m)	**kuteks, cat kuku**	[kuteks], [ʧat kuku]
Haarlack (m)	**semprotan rambut**	[semprotan rambut]
Deodorant (n)	**deodoran**	[deodoran]
Creme (f)	**krim**	[krim]
Gesichtscreme (f)	**krim wajah**	[krim waʤʲah]
Handcreme (f)	**krim tangan**	[krim taŋan]
Anti-Falten-Creme (f)	**krim antikerut**	[krim antikerut]
Tagescreme (f)	**krim siang**	[krim siaŋ]
Nachtcreme (f)	**krim malam**	[krim malam]
Tages-	**siang**	[siaŋ]
Nacht-	**malam**	[malam]
Tampon (m)	**tampon**	[tampon]
Toilettenpapier (n)	**kertas toilet**	[kertas toylet]
Föhn (m)	**pengering rambut**	[peŋeriŋ rambut]

39. Schmuck

Schmuck (m)	**perhiasan**	[pərhiasan]
Edel- (stein)	**mulia, berharga**	[mulia], [bərharga]
Repunze (f)	**tanda kadar**	[tanda kadar]
Ring (m)	**cincin**	[ʧinʧin]
Ehering (m)	**cincin kawin**	[ʧinʧin kawin]
Armband (n)	**gelang**	[gelaŋ]
Ohrringe (pl)	**anting-anting**	[antiŋ-antiŋ]

Kette (f)	**kalung**	[kaluŋ]
Krone (f)	**mahkota**	[mahkota]
Halskette (f)	**kalung manik-manik**	[kaluŋ maniˀ-maniˀ]
Brillant (m)	**berlian**	[bərlian]
Smaragd (m)	**zamrud**	[zamrud]
Rubin (m)	**batu mirah delima**	[batu mirah delima]
Saphir (m)	**nilakandi**	[nilakandi]
Perle (f)	**mutiara**	[mutiara]
Bernstein (m)	**batu amber**	[batu amber]

40. Armbanduhren Uhren

Armbanduhr (f)	**arloji**	[arlodʒi]
Zifferblatt (n)	**piringan jam**	[piriŋan dʒʲam]
Zeiger (m)	**jarum**	[dʒʲarum]
Metallarmband (n)	**rantai arloji**	[rantaj arlodʒi]
Uhrenarmband (n)	**tali arloji**	[tali arlodʒi]
Batterie (f)	**baterai**	[bateraj]
verbraucht sein	**mati**	[mati]
die Batterie wechseln	**mengganti baterai**	[məŋganti bateraj]
vorgehen (vi)	**cepat**	[tʃepat]
nachgehen (vi)	**terlambat**	[tərlambat]
Wanduhr (f)	**jam dinding**	[dʒʲam dindiŋ]
Sanduhr (f)	**jam pasir**	[dʒʲam pasir]
Sonnenuhr (f)	**jam matahari**	[dʒʲam matahari]
Wecker (m)	**weker**	[weker]
Uhrmacher (m)	**tukang jam**	[tukaŋ dʒʲam]
reparieren (vt)	**mereparasi, memperbaiki**	[mereparasi], [memperbajki]

Essen. Ernährung

41. Essen

Fleisch (n)	**daging**	[dagiŋ]
Hühnerfleisch (n)	**ayam**	[ajam]
Küken (n)	**anak ayam**	[anaʔ ajam]
Ente (f)	**bebek**	[bebeʔ]
Gans (f)	**angsa**	[aŋsa]
Wild (n)	**binatang buruan**	[binataŋ buruan]
Pute (f)	**kalkun**	[kalkun]
Schweinefleisch (n)	**daging babi**	[dagiŋ babi]
Kalbfleisch (n)	**daging anak sapi**	[dagiŋ anaʔ sapi]
Hammelfleisch (n)	**daging domba**	[dagiŋ domba]
Rindfleisch (n)	**daging sapi**	[dagiŋ sapi]
Kaninchenfleisch (n)	**kelinci**	[kelintʃi]
Wurst (f)	**sosis**	[sosis]
Würstchen (n)	**sosis**	[sosis]
Schinkenspeck (m)	**bakon**	[beykon]
Schinken (m)	**ham, daging kornet**	[ham], [dagiŋ kornet]
Räucherschinken (m)	**ham**	[ham]
Pastete (f)	**pasta**	[pasta]
Leber (f)	**hati**	[hati]
Hackfleisch (n)	**daging giling**	[dagiŋ giliŋ]
Zunge (f)	**lidah**	[lidah]
Ei (n)	**telur**	[telur]
Eier (pl)	**telur**	[telur]
Eiweiß (n)	**putih telur**	[putih telur]
Eigelb (n)	**kuning telur**	[kuniŋ telur]
Fisch (m)	**ikan**	[ikan]
Meeresfrüchte (pl)	**makanan laut**	[makanan laut]
Krebstiere (pl)	**krustasea**	[krustasea]
Kaviar (m)	**caviar**	[kaviar]
Krabbe (f)	**kepiting**	[kepitiŋ]
Garnele (f)	**udang**	[udaŋ]
Auster (f)	**tiram**	[tiram]
Languste (f)	**lobster berduri**	[lobster bərduri]
Krake (m)	**gurita**	[gurita]
Kalmar (m)	**cumi-cumi**	[tʃumi-tʃumi]
Störfleisch (n)	**ikan sturgeon**	[ikan sturdʒʲen]
Lachs (m)	**salmon**	[salmon]
Heilbutt (m)	**ikan turbot**	[ikan turbot]
Dorsch (m)	**ikan kod**	[ikan kod]

Makrele (f)	**ikan kembung**	[ikan kembuŋ]
Tunfisch (m)	**tuna**	[tuna]
Aal (m)	**belut**	[belut]
Forelle (f)	**ikan forel**	[ikan forel]
Sardine (f)	**sarden**	[sarden]
Hecht (m)	**ikan pike**	[ikan paik]
Hering (m)	**ikan haring**	[ikan hariŋ]
Brot (n)	**roti**	[roti]
Käse (m)	**keju**	[kedʒʲu]
Zucker (m)	**gula**	[gula]
Salz (n)	**garam**	[garam]
Reis (m)	**beras, nasi**	[beras], [nasi]
Teigwaren (pl)	**makaroni**	[makaroni]
Nudeln (pl)	**mi**	[mi]
Butter (f)	**mentega**	[məntega]
Pflanzenöl (n)	**minyak nabati**	[minjaˀ nabati]
Sonnenblumenöl (n)	**minyak bunga matahari**	[minjaˀ buŋa matahari]
Margarine (f)	**margarin**	[margarin]
Oliven (pl)	**buah zaitun**	[buah zajtun]
Olivenöl (n)	**minyak zaitun**	[minjaˀ zajtun]
Milch (f)	**susu**	[susu]
Kondensmilch (f)	**susu kental**	[susu kental]
Joghurt (m)	**yogurt**	[yogurt]
saure Sahne (f)	**krim asam**	[krim asam]
Sahne (f)	**krim, kepala susu**	[krim], [kepala susu]
Mayonnaise (f)	**mayones**	[majones]
Buttercreme (f)	**krim**	[krim]
Grütze (f)	**menir**	[menir]
Mehl (n)	**tepung**	[tepuŋ]
Konserven (pl)	**makanan kalengan**	[makanan kaleŋan]
Maisflocken (pl)	**emping jagung**	[empiŋ dʒʲaguŋ]
Honig (m)	**madu**	[madu]
Marmelade (f)	**selai**	[selaj]
Kaugummi (m, n)	**permen karet**	[pərmen karet]

42. Getränke

Wasser (n)	**air**	[air]
Trinkwasser (n)	**air minum**	[air minum]
Mineralwasser (n)	**air mineral**	[air mineral]
still	**tanpa gas**	[tanpa gas]
mit Kohlensäure	**berkarbonasi**	[bərkarbonasi]
mit Gas	**bergas**	[bərgas]
Eis (n)	**es**	[es]

mit Eis	**dengan es**	[deŋan es]
alkoholfrei (Adj)	**tanpa alkohol**	[tanpa alkohol]
alkoholfreies Getränk (n)	**minuman ringan**	[minuman riŋan]
Erfrischungsgetränk (n)	**minuman penygar**	[minuman penigar]
Limonade (f)	**limun**	[limun]
Spirituosen (pl)	**minoman beralkohol**	[minoman bəralkohol]
Wein (m)	**anggur**	[aŋgur]
Weißwein (m)	**anggur putih**	[aŋgur putih]
Rotwein (m)	**anggur merah**	[aŋgur merah]
Likör (m)	**likeur**	[likeur]
Champagner (m)	**sampanye**	[sampanje]
Wermut (m)	**vermouth**	[vermut]
Whisky (m)	**wiski**	[wiski]
Wodka (m)	**vodka**	[vodka]
Gin (m)	**jin, jenewer**	[ʤin], [ʤʲenewer]
Kognak (m)	**konyak**	[konjaˀ]
Rum (m)	**rum**	[rum]
Kaffee (m)	**kopi**	[kopi]
schwarzer Kaffee (m)	**kopi pahit**	[kopi pahit]
Milchkaffee (m)	**kopi susu**	[kopi susu]
Cappuccino (m)	**cappuccino**	[kaputʃino]
Pulverkaffee (m)	**kopi instan**	[kopi instan]
Milch (f)	**susu**	[susu]
Cocktail (m)	**koktail**	[koktajl]
Milchcocktail (m)	**susu kocok**	[susu kotʃoˀ]
Saft (m)	**jus**	[ʤʲus]
Tomatensaft (m)	**jus tomat**	[ʤʲus tomat]
Orangensaft (m)	**jus jeruk**	[ʤʲus ʤʲeruˀ]
frisch gepresster Saft (m)	**jus peras**	[ʤʲus pəras]
Bier (n)	**bir**	[bir]
Helles (n)	**bir putih**	[bir putih]
Dunkelbier (n)	**bir hitam**	[bir hitam]
Tee (m)	**teh**	[teh]
schwarzer Tee (m)	**teh hitam**	[teh hitam]
grüner Tee (m)	**teh hijau**	[teh hiʤʲau]

43. Gemüse

Gemüse (n)	**sayuran**	[sajuran]
grünes Gemüse (pl)	**sayuran hijau**	[sajuran hiʤʲau]
Tomate (f)	**tomat**	[tomat]
Gurke (f)	**mentimun, ketimun**	[məntimun], [ketimun]
Karotte (f)	**wortel**	[wortel]
Kartoffel (f)	**kentang**	[kentaŋ]
Zwiebel (f)	**bawang**	[bawaŋ]

Knoblauch (m)	**bawang putih**	[bawaŋ putih]
Kohl (m)	**kol**	[kol]
Blumenkohl (m)	**kembang kol**	[kembaŋ kol]
Rosenkohl (m)	**kol Brussels**	[kol brusels]
Brokkoli (m)	**brokoli**	[brokoli]
Rote Bete (f)	**ubi bit merah**	[ubi bit merah]
Aubergine (f)	**terung, terong**	[teruŋ], [təroŋ]
Zucchini (f)	**labu siam**	[labu siam]
Kürbis (m)	**labu**	[labu]
Rübe (f)	**turnip**	[turnip]
Petersilie (f)	**peterseli**	[peterseli]
Dill (m)	**adas sowa**	[adas sowa]
Kopf Salat (m)	**selada**	[selada]
Sellerie (m)	**seledri**	[seledri]
Spargel (m)	**asparagus**	[asparagus]
Spinat (m)	**bayam**	[bajam]
Erbse (f)	**kacang polong**	[katʃaŋ poloŋ]
Bohnen (pl)	**kacang-kacangan**	[katʃaŋ-katʃaŋan]
Mais (m)	**jagung**	[dʒʲaguŋ]
weiße Bohne (f)	**kacang buncis**	[katʃaŋ buntʃis]
Paprika (m)	**cabai**	[tʃabaj]
Radieschen (n)	**radis**	[radis]
Artischocke (f)	**artisyok**	[artiʃoˀ]

44. Obst. Nüsse

Frucht (f)	**buah**	[buah]
Apfel (m)	**apel**	[apel]
Birne (f)	**pir**	[pir]
Zitrone (f)	**jeruk sitrun**	[dʒʲeruˀ sitrun]
Apfelsine (f)	**jeruk manis**	[dʒʲeruˀ manis]
Erdbeere (f)	**stroberi**	[stroberi]
Mandarine (f)	**jeruk mandarin**	[dʒʲeruˀ mandarin]
Pflaume (f)	**plum**	[plum]
Pfirsich (m)	**persik**	[persiˀ]
Aprikose (f)	**aprikot**	[aprikot]
Himbeere (f)	**buah frambus**	[buah frambus]
Ananas (f)	**nanas**	[nanas]
Banane (f)	**pisang**	[pisaŋ]
Wassermelone (f)	**semangka**	[semaŋka]
Weintrauben (pl)	**buah anggur**	[buah aŋgur]
Sauerkirsche (f)	**buah ceri asam**	[buah tʃeri asam]
Süßkirsche (f)	**buah ceri manis**	[buah tʃeri manis]
Melone (f)	**melon**	[melon]
Grapefruit (f)	**jeruk Bali**	[dʒʲeruˀ bali]
Avocado (f)	**avokad**	[avokad]
Papaya (f)	**pepaya**	[pepaja]

Mango (f)	**mangga**	[maŋga]
Granatapfel (m)	**buah delima**	[buah delima]
rote Johannisbeere (f)	**redcurrant**	[redkaren]
schwarze Johannisbeere (f)	**blackcurrant**	[bleˀkaren]
Stachelbeere (f)	**buah arbei hijau**	[buah arbei hidʒʲau]
Heidelbeere (f)	**buah bilberi**	[buah bilberi]
Brombeere (f)	**beri hitam**	[beri hitam]
Rosinen (pl)	**kismis**	[kismis]
Feige (f)	**buah ara**	[buah ara]
Dattel (f)	**buah kurma**	[buah kurma]
Erdnuss (f)	**kacang tanah**	[katʃaŋ tanah]
Mandel (f)	**badam**	[badam]
Walnuss (f)	**buah walnut**	[buah walnut]
Haselnuss (f)	**kacang hazel**	[katʃaŋ hazel]
Kokosnuss (f)	**buah kelapa**	[buah kelapa]
Pistazien (pl)	**badam hijau**	[badam hidʒʲau]

45. Brot. Süßigkeiten

Konditorwaren (pl)	**kue-mue**	[kue-mue]
Brot (n)	**roti**	[roti]
Keks (m, n)	**biskuit**	[biskuit]
Schokolade (f)	**cokelat**	[tʃokelat]
Schokoladen-	**cokelat**	[tʃokelat]
Bonbon (m, n)	**permen**	[pərmen]
Kuchen (m)	**kue**	[kue]
Torte (f)	**kue tar**	[kue tar]
Kuchen (Apfel-)	**pai**	[pai]
Füllung (f)	**inti**	[inti]
Konfitüre (f)	**selai buah utuh**	[selaj buah utuh]
Marmelade (f)	**marmelade**	[marmelade]
Waffeln (pl)	**wafel**	[wafel]
Eis (n)	**es krim**	[es krim]
Pudding (m)	**puding**	[pudiŋ]

46. Gerichte

Gericht (n)	**masakan, hidangan**	[masakan], [hidaŋan]
Küche (f)	**masakan**	[masakan]
Rezept (n)	**resep**	[resep]
Portion (f)	**porsi**	[porsi]
Salat (m)	**salada**	[salada]
Suppe (f)	**sup**	[sup]
Brühe (f), Bouillon (f)	**kaldu**	[kaldu]
belegtes Brot (n)	**roti lapis**	[roti lapis]

Spiegelei (n)	**telur mata sapi**	[telur mata sapi]
Hamburger (m)	**hamburger**	[hamburger]
Beefsteak (n)	**bistik**	[bistiˀ]
Beilage (f)	**lauk**	[lauˀ]
Spaghetti (pl)	**spageti**	[spageti]
Kartoffelpüree (n)	**kentang tumbuk**	[kentaŋ tumbuˀ]
Pizza (f)	**piza**	[piza]
Brei (m)	**bubur**	[bubur]
Omelett (n)	**telur dadar**	[telur dadar]
gekocht	**rebus**	[rebus]
geräuchert	**asap**	[asap]
gebraten	**goreng**	[goreŋ]
getrocknet	**kering**	[keriŋ]
tiefgekühlt	**beku**	[beku]
mariniert	**marinade**	[marinade]
süß	**manis**	[manis]
salzig	**asin**	[asin]
kalt	**dingin**	[diŋin]
heiß	**panas**	[panas]
bitter	**pahit**	[pahit]
lecker	**enak**	[enaˀ]
kochen (vt)	**merebus**	[merebus]
zubereiten (vt)	**memasak**	[memasaˀ]
braten (vt)	**menggoreng**	[məŋgoreŋ]
aufwärmen (vt)	**memanaskan**	[memanaskan]
salzen (vt)	**menggarami**	[məŋgarami]
pfeffern (vt)	**membubuh merica**	[membubuh meriʧa]
reiben (vt)	**memarut**	[memarut]
Schale (f)	**kulit**	[kulit]
schälen (vt)	**mengupas**	[məŋupas]

47. Gewürze

Salz (n)	**garam**	[garam]
salzig (Adj)	**asin**	[asin]
salzen (vt)	**menggarami**	[məŋgarami]
schwarzer Pfeffer (m)	**merica**	[meriʧa]
roter Pfeffer (m)	**cabai merah**	[ʧabaj merah]
Senf (m)	**mustar**	[mustar]
Meerrettich (m)	**lobak pedas**	[lobaˀ pedas]
Gewürz (n)	**bumbu**	[bumbu]
Gewürz (n)	**rempah-rempah**	[rempah-rempah]
Soße (f)	**saus**	[saus]
Essig (m)	**cuka**	[ʧuka]
Anis (m)	**adas manis**	[adas manis]
Basilikum (n)	**selasih**	[selasih]

Nelke (f)	**cengkih**	[ʧeŋkih]
Ingwer (m)	**jahe**	[ʤʲahe]
Koriander (m)	**ketumbar**	[ketumbar]
Zimt (m)	**kayu manis**	[kaju manis]
Sesam (m)	**wijen**	[widʒʲen]
Lorbeerblatt (n)	**daun salam**	[daun salam]
Paprika (m)	**cabai**	[ʧabaj]
Kümmel (m)	**jintan**	[ʤintan]
Safran (m)	**kuma-kuma**	[kuma-kuma]

48. Mahlzeiten

Essen (n)	**makanan**	[makanan]
essen (vi, vt)	**makan**	[makan]
Frühstück (n)	**makan pagi, sarapan**	[makan pagi], [sarapan]
frühstücken (vi)	**sarapan**	[sarapan]
Mittagessen (n)	**makan siang**	[makan siaŋ]
zu Mittag essen	**makan siang**	[makan siaŋ]
Abendessen (n)	**makan malam**	[makan malam]
zu Abend essen	**makan malam**	[makan malam]
Appetit (m)	**nafsu makan**	[nafsu makan]
Guten Appetit!	**Selamat makan!**	[selamat makan!]
öffnen (vt)	**membuka**	[membuka]
verschütten (vt)	**menumpahkan**	[mənumpahkan]
kochen (vi)	**mendidih**	[məndidih]
kochen (Wasser ~)	**mendidihkan**	[məndidihkan]
gekocht (Adj)	**masak**	[masaʔ]
kühlen (vt)	**mendinginkan**	[məndiŋinkan]
abkühlen (vi)	**mendingin**	[məndiŋin]
Geschmack (m)	**rasa**	[rasa]
Beigeschmack (m)	**nuansa rasa**	[nuansa rasa]
auf Diät sein	**berdiet**	[berdiet]
Diät (f)	**diet, pola makan**	[diet], [pola makan]
Vitamin (n)	**vitamin**	[vitamin]
Kalorie (f)	**kalori**	[kalori]
Vegetarier (m)	**vegetarian**	[vegetarian]
vegetarisch (Adj)	**vegetarian**	[vegetarian]
Fett (n)	**lemak**	[lemaʔ]
Protein (n)	**protein**	[protein]
Kohlenhydrat (n)	**karbohidrat**	[karbohidrat]
Scheibchen (n)	**irisan**	[irisan]
Stück (ein ~ Kuchen)	**potongan**	[potoŋan]
Krümel (m)	**remah**	[remah]

49. Gedeck

Löffel (m)	**sendok**	[sendoʔ]
Messer (n)	**pisau**	[pisau]
Gabel (f)	**garpu**	[garpu]
Tasse (eine ~ Tee)	**cangkir**	[ʧaŋkir]
Teller (m)	**piring**	[piriŋ]
Untertasse (f)	**alas cangkir**	[alas ʧaŋkir]
Serviette (f)	**serbet**	[serbet]
Zahnstocher (m)	**tusuk gigi**	[tusuʔ gigi]

50. Restaurant

Restaurant (n)	**restoran**	[restoran]
Kaffeehaus (n)	**warung kopi**	[waruŋ kopi]
Bar (f)	**bar**	[bar]
Teesalon (m)	**warung teh**	[waruŋ teh]
Kellner (m)	**pelayan lelaki**	[pelajan lelaki]
Kellnerin (f)	**pelayan perempuan**	[pelajan pərempuan]
Barmixer (m)	**pelayan bar**	[pelajan bar]
Speisekarte (f)	**menu**	[menu]
Weinkarte (f)	**daftar anggur**	[daftar aŋgur]
einen Tisch reservieren	**memesan meja**	[memesan meʤʲa]
Gericht (n)	**masakan, hidangan**	[masakan], [hidaŋan]
bestellen (vt)	**memesan**	[memesan]
eine Bestellung aufgeben	**memesan**	[memesan]
Aperitif (m)	**aperitif**	[aperitif]
Vorspeise (f)	**makanan ringan**	[makanan riŋan]
Nachtisch (m)	**hidangan penutup**	[hidaŋan penutup]
Rechnung (f)	**bon**	[bon]
Rechnung bezahlen	**membayar bon**	[membajar bon]
das Wechselgeld geben	**memberikan uang kembalian**	[memberikan uaŋ kembalian]
Trinkgeld (n)	**tip**	[tip]

Familie, Verwandte und Freunde

51. Persönliche Informationen. Formulare

Vorname (m)	**nama, nama depan**	[nama], [nama depan]
Name (m)	**nama keluarga**	[nama keluarga]
Geburtsdatum (n)	**tanggal lahir**	[taŋgal lahir]
Geburtsort (m)	**tempat lahir**	[tempat lahir]
Nationalität (f)	**kebangsaan**	[kebaŋsaʔan]
Wohnort (m)	**tempat tinggal**	[tempat tiŋgal]
Land (n)	**negara, negeri**	[negara], [negeri]
Beruf (m)	**profesi**	[profesi]
Geschlecht (n)	**jenis kelamin**	[ʤʲenis kelamin]
Größe (f)	**tinggi badan**	[tiŋgi badan]
Gewicht (n)	**berat**	[berat]

52. Familienmitglieder. Verwandte

Mutter (f)	**ibu**	[ibu]
Vater (m)	**ayah**	[ajah]
Sohn (m)	**anak lelaki**	[anaʔ lelaki]
Tochter (f)	**anak perempuan**	[anaʔ pərempuan]
jüngste Tochter (f)	**anak perempuan bungsu**	[anaʔ pərempuan buŋsu]
jüngste Sohn (m)	**anak lelaki bungsu**	[anaʔ lelaki buŋsu]
ältere Tochter (f)	**anak perempuan sulung**	[anaʔ pərempuan suluŋ]
älterer Sohn (m)	**anak lelaki sulung**	[anaʔ lelaki suluŋ]
Bruder (m)	**saudara lelaki**	[saudara lelaki]
älterer Bruder (m)	**kakak lelaki**	[kakaʔ lelaki]
jüngerer Bruder (m)	**adik lelaki**	[adiʔ lelaki]
Schwester (f)	**saudara perempuan**	[saudara pərempuan]
ältere Schwester (f)	**kakak perempuan**	[kakaʔ pərempuan]
jüngere Schwester (f)	**adik perempuan**	[adiʔ pərempuan]
Cousin (m)	**sepupu lelaki**	[sepupu lelaki]
Cousine (f)	**sepupu perempuan**	[sepupu pərempuan]
Mama (f)	**mama, ibu**	[mama], [ibu]
Papa (m)	**papa, ayah**	[papa], [ajah]
Eltern (pl)	**orang tua**	[oraŋ tua]
Kind (n)	**anak**	[anaʔ]
Kinder (pl)	**anak-anak**	[anaʔ-anaʔ]
Großmutter (f)	**nenek**	[neneʔ]
Großvater (m)	**kakek**	[kakeʔ]

Enkel (m)	**cucu laki-laki**	[ʧuʧu laki-laki]
Enkelin (f)	**cucu perempuan**	[ʧuʧu pərempuan]
Enkelkinder (pl)	**cucu**	[ʧuʧu]
Onkel (m)	**paman**	[paman]
Tante (f)	**bibi**	[bibi]
Neffe (m)	**keponakan laki-laki**	[keponakan laki-laki]
Nichte (f)	**keponakan perempuan**	[keponakan pərempuan]
Schwiegermutter (f)	**ibu mertua**	[ibu mertua]
Schwiegervater (m)	**ayah mertua**	[ajah mertua]
Schwiegersohn (m)	**menantu laki-laki**	[mənantu laki-laki]
Stiefmutter (f)	**ibu tiri**	[ibu tiri]
Stiefvater (m)	**ayah tiri**	[ajah tiri]
Säugling (m)	**bayi**	[baji]
Kleinkind (n)	**bayi**	[baji]
Kleine (m)	**bocah cilik**	[boʧah ʧiliˀ]
Frau (f)	**istri**	[istri]
Mann (m)	**suami**	[suami]
Ehemann (m)	**suami**	[suami]
Gemahlin (f)	**istri**	[istri]
verheiratet (Ehemann)	**menikah, beristri**	[mənikah], [bəristri]
verheiratet (Ehefrau)	**menikah, bersuami**	[mənikah], [bərsuami]
ledig	**bujang**	[buʤʲaŋ]
Junggeselle (m)	**bujang**	[buʤʲaŋ]
geschieden (Adj)	**bercerai**	[bərʧeraj]
Witwe (f)	**janda**	[ʤʲanda]
Witwer (m)	**duda**	[duda]
Verwandte (m)	**kerabat**	[kerabat]
naher Verwandter (m)	**kerabat dekat**	[kerabat dekat]
entfernter Verwandter (m)	**kerabat jauh**	[kerabat ʤʲauh]
Verwandte (pl)	**kerabat, sanak saudara**	[kerabat], [sanaˀ saudara]
Waise (m, f)	**yatim piatu**	[yatim piatu]
Vormund (m)	**wali**	[wali]
adoptieren (einen Jungen)	**mengadopsi**	[məŋadopsi]
adoptieren (ein Mädchen)	**mengadopsi**	[məŋadopsi]

53. Freunde. Arbeitskollegen

Freund (m)	**sahabat**	[sahabat]
Freundin (f)	**sahabat**	[sahabat]
Freundschaft (f)	**persahabatan**	[pərsahabatan]
befreundet sein	**bersahabat**	[bərsahabat]
Freund (m)	**teman**	[teman]
Freundin (f)	**teman**	[teman]
Partner (m)	**mitra**	[mitra]
Chef (m)	**atasan**	[atasan]
Vorgesetzte (m)	**atasan**	[atasan]

Besitzer (m)	**pemilik**	[pemili^{ʔ}]
Untergeordnete (m)	**bawahan**	[bawahan]
Kollege (m), Kollegin (f)	**kolega**	[kolega]
Bekannte (m)	**kenalan**	[kenalan]
Reisegefährte (m)	**rekan seperjalanan**	[rekan seperʤʲalanan]
Mitschüler (m)	**teman sekelas**	[teman sekelas]
Nachbar (m)	**tetangga**	[tetaŋga]
Nachbarin (f)	**tetangga**	[tetaŋga]
Nachbarn (pl)	**para tetangga**	[para tetaŋga]

54. Mann. Frau

Frau (f)	**perempuan, wanita**	[pərempuan], [wanita]
Mädchen (n)	**gadis**	[gadis]
Braut (f)	**mempelai perempuan**	[mempelaj pərempuan]
schöne	**cantik**	[ʧanti^{ʔ}]
große	**tinggi**	[tiŋgi]
schlanke	**ramping**	[rampiŋ]
kleine (~ Frau)	**pendek**	[pende^{ʔ}]
Blondine (f)	**orang berambut pirang**	[oraŋ bərambut piraŋ]
Brünette (f)	**orang berambut cokelat**	[oraŋ bərambut ʧokelat]
Damen-	**wanita**	[wanita]
Jungfrau (f)	**perawan**	[pərawan]
schwangere	**hamil**	[hamil]
Mann (m)	**laki-laki, pria**	[laki-laki], [pria]
Blonde (m)	**orang berambut pirang**	[oraŋ bərambut piraŋ]
Brünette (m)	**orang berambut cokelat**	[oraŋ bərambut ʧokelat]
hoch	**tinggi**	[tiŋgi]
klein	**pendek**	[pende^{ʔ}]
grob	**kasar**	[kasar]
untersetzt	**kekar**	[kekar]
robust	**tegap**	[tegap]
stark	**kuat**	[kuat]
Kraft (f)	**kekuatan**	[kekuatan]
dick	**gemuk**	[gemu^{ʔ}]
dunkelhäutig	**berkulit hitam**	[bərkulit hitam]
schlank	**ramping**	[rampiŋ]
elegant	**anggun**	[aŋgun]

55. Alter

Alter (n)	**umur**	[umur]
Jugend (f)	**usia muda**	[usia muda]
jung	**muda**	[muda]

jünger (~ als Sie) **lebih muda** [lebih muda]
älter (~ als ich) **lebih tua** [lebih tua]

Junge (m) **pemuda** [pemuda]
Teenager (m) **remaja** [remadʒʲa]
Bursche (m) **cowok** [ʧowoˀ]

Greis (m) **lelaki tua** [lelaki tua]
alte Frau (f) **perempuan tua** [pərempuan tua]

Erwachsene (m) **dewasa** [dewasa]
in mittleren Jahren **paruh baya** [paruh baja]
älterer (Adj) **lansia** [lansia]
alt (Adj) **tua** [tua]

Ruhestand (m) **pensiun** [pensiun]
in Rente gehen **pensiun** [pensiun]
Rentner (m) **pensiunan** [pensiunan]

56. Kinder

Kind (n) **anak** [anaˀ]
Kinder (pl) **anak-anak** [anaˀ-anaˀ]
Zwillinge (pl) **kembar** [kembar]

Wiege (f) **buaian** [buajan]
Rassel (f) **ocehan** [oʧehan]
Windel (f) **popok** [popoˀ]

Schnuller (m) **dot** [dot]
Kinderwagen (m) **kereta bayi** [kereta baji]
Kindergarten (m) **taman kanak-kanak** [taman kanaˀ-kanaˀ]
Kinderfrau (f) **pengasuh anak** [peŋasuh anaˀ]

Kindheit (f) **masa kanak-kanak** [masa kanaˀ-kanaˀ]
Puppe (f) **boneka** [boneka]
Spielzeug (n) **mainan** [majnan]
Baukasten (m) **alat permainan bongkah** [alat pərmajnan boŋkah]

wohlerzogen **beradab** [bəradab]
ungezogen **biadab** [biadab]
verwöhnt **manja** [mandʒʲa]

unartig sein **nakal** [nakal]
unartig **nakal** [nakal]
Unart (f) **kenakalan** [kenakalan]
Schelm (m) **anak nakal** [anaˀ nakal]

gehorsam **patuh** [patuh]
ungehorsam **tidak patuh** [tidaˀ patuh]

fügsam **penurut** [penurut]
klug **pandai, pintar** [pandaj], [pintar]
Wunderkind (n) **anak ajaib** [anaˀ adʒʲajb]

57. Ehepaare. Familienleben

küssen (vt)	**mencium**	[məntʃium]
sich küssen	**berciuman**	[bərtʃiuman]
Familie (f)	**keluarga**	[keluarga]
Familien-	**keluarga**	[keluarga]
Paar (n)	**pasangan**	[pasaŋan]
Ehe (f)	**pernikahan**	[pərnikahan]
Heim (n)	**rumah tangga**	[rumah taŋga]
Dynastie (f)	**dinasti**	[dinasti]
Rendezvous (n)	**kencan**	[kentʃan]
Kuss (m)	**ciuman**	[tʃiuman]
Liebe (f)	**cinta**	[tʃinta]
lieben (vt)	**mencintai**	[məntʃintaj]
geliebt	**kekasih**	[kekasih]
Zärtlichkeit (f)	**kelembutan**	[kelembutan]
zärtlich	**lembut**	[lembut]
Treue (f)	**kesetiaan**	[kesetiaˀan]
treu (Adj)	**setia**	[setia]
Fürsorge (f)	**perhatian**	[pərhatian]
sorgsam	**penuh perhatian**	[penuh pərhatian]
Frischvermählte (pl)	**pengantin baru**	[peŋantin baru]
Flitterwochen (pl)	**bulan madu**	[bulan madu]
heiraten (einen Mann ~)	**menikah, bersuami**	[mənikah], [bərsuami]
heiraten (ein Frau ~)	**menikah, beristri**	[mənikah], [bəristri]
Hochzeit (f)	**pernikahan**	[pərnikahan]
goldene Hochzeit (f)	**pernikahan emas**	[pərnikahan emas]
Jahrestag (m)	**hari jadi, HUT**	[hari dʒʲadi], [ha-u-te]
Geliebte (m)	**pria idaman lain**	[pria idaman lajn]
Geliebte (f)	**wanita idaman lain**	[wanita idaman lajn]
Ehebruch (m)	**perselingkuhan**	[pərseliŋkuhan]
Ehebruch begehen	**berselingkuh dari ...**	[bərseliŋkuh dari ...]
eifersüchtig	**cemburu**	[tʃemburu]
eifersüchtig sein	**cemburu**	[tʃemburu]
Scheidung (f)	**perceraian**	[pərtʃerajan]
sich scheiden lassen	**bercerai**	[bərtʃeraj]
streiten (vi)	**bertengkar**	[bərteŋkar]
sich versöhnen	**berdamai**	[bərdamaj]
zusammen (Adv)	**bersama**	[bərsama]
Sex (m)	**seks**	[seks]
Glück (n)	**kebahagiaan**	[kebahagiaˀan]
glücklich	**berbahagia**	[bərbahagia]
Unglück (n)	**kemalangan**	[kemalaŋan]
unglücklich	**malang**	[malaŋ]

Charakter. Empfindungen. Gefühle

58. Empfindungen. Gefühle

Gefühl (n)	**perasaan**	[pərasaˀan]
Gefühle (pl)	**perasaan**	[pərasaˀan]
fühlen (vt)	**merasa**	[merasa]
Hunger (m)	**kelaparan**	[kelaparan]
hungrig sein	**lapar**	[lapar]
Durst (m)	**kehausan**	[kehausan]
Durst haben	**haus**	[haus]
Schläfrigkeit (f)	**kantuk**	[kantuˀ]
schlafen wollen	**mengantuk**	[məŋantuˀ]
Müdigkeit (f)	**rasa lelah**	[rasa lelah]
müde	**lelah**	[lelah]
müde werden	**lelah**	[lelah]
Laune (f)	**suasana hati**	[suasana hati]
Langeweile (f)	**kebosanan**	[kebosanan]
sich langweilen	**bosan**	[bosan]
Zurückgezogenheit (n)	**kesendirian**	[kesendirian]
sich zurückziehen	**menyendiri**	[mənjendiri]
beunruhigen (vt)	**membuat khawatir**	[membuat hawatir]
sorgen (vi)	**khawatir**	[hawatir]
Besorgnis (f)	**kekhawatiran**	[kehawatiran]
Angst (~ um ...)	**kegelisahan**	[kegelisahan]
besorgt (Adj)	**prihatin**	[prihatin]
nervös sein	**gugup, gelisah**	[gugup], [gelisah]
in Panik verfallen (vi)	**panik**	[paniˀ]
Hoffnung (f)	**harapan**	[harapan]
hoffen (vi)	**berharap**	[bərharap]
Sicherheit (f)	**kepastian**	[kepastian]
sicher	**pasti**	[pasti]
Unsicherheit (f)	**ketidakpastian**	[ketidakpastian]
unsicher	**tidak pasti**	[tidaˀ pasti]
betrunken	**mabuk**	[mabuˀ]
nüchtern	**sadar, tidak mabuk**	[sadar], [tidaˀ mabuˀ]
schwach	**lemah**	[lemah]
glücklich	**berbahagia**	[bərbahagia]
erschrecken (vt)	**menakuti**	[mənakuti]
Wut (f)	**kemarahan**	[kemarahan]
Rage (f)	**kemarahan**	[kemarahan]
Depression (f)	**depresi**	[depresi]
Unbehagen (n)	**ketidaknyamanan**	[ketidaknjamanan]

Komfort (m)	**kenyamanan**	[kenjamanan]
bedauern (vt)	**menyesal**	[mənjesal]
Bedauern (n)	**penyesalan**	[penjesalan]
Missgeschick (n)	**kesialan**	[kesialan]
Kummer (m)	**kekesalan**	[kekesalan]
Scham (f)	**rasa malu**	[rasa malu]
Freude (f)	**kegirangan**	[kegiraŋan]
Begeisterung (f)	**antusiasme**	[antusiasme]
Enthusiast (m)	**antusias**	[antusias]
Begeisterung zeigen	**memperlihatkan antusiasme**	[memperlihatkan antusiasme]

59. Charakter. Persönlichkeit

Charakter (m)	**watak**	[wataˀ]
Charakterfehler (m)	**kepincangan**	[kepintʃaŋan]
Verstand (m)	**otak**	[otaˀ]
Vernunft (f)	**akal**	[akal]
Gewissen (n)	**nurani**	[nurani]
Gewohnheit (f)	**kebiasaan**	[kebiasaˀan]
Fähigkeit (f)	**kemampuan, bakat**	[kemampuan], [bakat]
können (v mod)	**dapat**	[dapat]
geduldig	**sabar**	[sabar]
ungeduldig	**tidak sabar**	[tidaˀ sabar]
neugierig	**ingin tahu**	[iŋin tahu]
Neugier (f)	**rasa ingin tahu**	[rasa iŋin tahu]
Bescheidenheit (f)	**kerendahan hati**	[kerendahan hati]
bescheiden	**rendah hati**	[rendah hati]
unbescheiden	**tidak tahu malu**	[tidaˀ tahu malu]
Faulheit (f)	**kemalasan**	[kemalasan]
faul	**malas**	[malas]
Faulenzer (m)	**pemalas**	[pemalas]
Listigkeit (f)	**kelicikan**	[kelitʃikan]
listig	**licik**	[litʃiˀ]
Misstrauen (n)	**ketidakpercayaan**	[ketidakpertʃajaˀan]
misstrauisch	**tidak percaya**	[tidaˀ pərtʃaja]
Freigebigkeit (f)	**kemurahan hati**	[kemurahan hati]
freigebig	**murah hati**	[murah hati]
talentiert	**berbakat**	[bərbakat]
Talent (n)	**bakat**	[bakat]
tapfer	**berani**	[bərani]
Tapferkeit (f)	**keberanian**	[keberanian]
ehrlich	**jujur**	[dʒʲudʒʲur]
Ehrlichkeit (f)	**kejujuran**	[kedʒʲudʒʲuran]
vorsichtig	**berhati-hati**	[bərhati-hati]
tapfer	**berani**	[bərani]

ernst	**serius**	[serius]
streng	**keras**	[keras]
entschlossen	**tegas**	[tegas]
unentschlossen	**ragu-ragu**	[ragu-ragu]
schüchtern	**malu**	[malu]
Schüchternheit (f)	**sifat pemalu**	[sifat pemalu]
Vertrauen (n)	**kepercayaan**	[kepertʃajaˀan]
vertrauen (vi)	**percaya**	[pərtʃaja]
vertrauensvoll	**mudah percaya**	[mudah pərtʃaja]
aufrichtig (Adv)	**ikhlas**	[ihlas]
aufrichtig (Adj)	**ikhlas**	[ihlas]
Aufrichtigkeit (f)	**keikhlasan**	[keihlasan]
offen	**terbuka**	[tərbuka]
still (Adj)	**tenang**	[tenaŋ]
freimütig	**terus terang**	[terus təraŋ]
naiv	**naif**	[naif]
zerstreut	**lalai**	[lalaj]
drollig, komisch	**lucu**	[lutʃu]
Gier (f)	**kerakusan**	[kerakusan]
habgierig	**rakus**	[rakus]
geizig	**pelit, kikir**	[pelit], [kikir]
böse	**jahat**	[dʒʲahat]
hartnäckig	**keras kepala, degil**	[keras kepala], [degil]
unangenehm	**tidak menyenangkan**	[tidaˀ menjenaŋkan]
Egoist (m)	**egois**	[egois]
egoistisch	**egoistis**	[egoistis]
Feigling (m)	**penakut**	[penakut]
feige	**penakut**	[penakut]

60. Schlaf. Träume

schlafen (vi)	**tidur**	[tidur]
Schlaf (m)	**tidur**	[tidur]
Traum (m)	**mimpi**	[mimpi]
träumen (im Schlaf)	**bermimpi**	[bərmimpi]
verschlafen	**mengantuk**	[məŋantuˀ]
Bett (n)	**ranjang**	[randʒʲaŋ]
Matratze (f)	**kasur**	[kasur]
Decke (f)	**selimut**	[selimut]
Kissen (n)	**bantal**	[bantal]
Laken (n)	**seprai**	[sepraj]
Schlaflosigkeit (f)	**insomnia**	[insomnia]
schlaflos	**tanpa tidur**	[tanpa tidur]
Schlafmittel (n)	**obat tidur**	[obat tidur]
Schlafmittel nehmen	**meminum obat tidur**	[meminum obat tidur]
schlafen wollen	**mengantuk**	[məŋantuˀ]

gähnen (vi)	**menguap**	[mənuap]
schlafen gehen	**tidur**	[tidur]
das Bett machen	**menyiapkan ranjang**	[mənjiapkan randʒʲaŋ]
einschlafen (vi)	**tertidur**	[tərtidur]
Alptraum (m)	**mimpi buruk**	[mimpi buruˀ]
Schnarchen (n)	**dengkuran**	[deŋkuran]
schnarchen (vi)	**berdengkur**	[bərdeŋkur]
Wecker (m)	**weker**	[weker]
aufwecken (vt)	**membangunkan**	[membaŋunkan]
erwachen (vi)	**bangun**	[baŋun]
aufstehen (vi)	**bangun**	[baŋun]
sich waschen	**mencuci muka**	[məntʃutʃi muka]

61. Humor. Lachen. Freude

Humor (m)	**humor**	[humor]
Sinn (m) für Humor	**rasa humor**	[rasa humor]
sich amüsieren	**bersukaria**	[bərsukaria]
froh (Adj)	**riang, gembira**	[riaŋ], [gembira]
Fröhlichkeit (f)	**keriangan, kegembiraan**	[keriaŋan], [kegembiraˀan]
Lächeln (n)	**senyuman**	[senyuman]
lächeln (vi)	**tersenyum**	[tərsenyum]
auflachen (vi)	**tertawa**	[tərtawa]
lachen (vi)	**tertawa**	[tərtawa]
Lachen (n)	**gelak tawa**	[gelaˀ tawa]
Anekdote, Witz (m)	**anekdot, lelucon**	[anekdot], [lelutʃon]
lächerlich	**lucu**	[lutʃu]
komisch	**lucu**	[lutʃu]
Witz machen	**bergurau**	[bərgurau]
Spaß (m)	**lelucon**	[lelutʃon]
Freude (f)	**kegembiraan**	[kegembiraˀan]
sich freuen	**bergembira**	[bərgembira]
froh (Adj)	**gembira**	[gembira]

62. Diskussion, Unterhaltung. Teil 1

Kommunikation (f)	**komunikasi**	[komunikasi]
kommunizieren (vi)	**berkomunikasi**	[bərkomunikasi]
Konversation (f)	**pembicaraan**	[pembitʃaraˀan]
Dialog (m)	**dialog**	[dialog]
Diskussion (f)	**diskusi**	[diskusi]
Streitgespräch (n)	**perdebatan**	[pərdebatan]
streiten (vi)	**berdebat**	[bərdebat]
Gesprächspartner (m)	**lawan bicara**	[lawan bitʃara]
Thema (n)	**topik, tema**	[topik], [tema]

Gesichtspunkt (m)	**sudut pandang**	[sudut pandaŋ]
Meinung (f)	**opini, pendapat**	[opini], [pendapat]
Rede (f)	**pidato, tuturan**	[pidato], [tuturan]
Besprechung (f)	**pembicaraan**	[pembiʧaraˀan]
besprechen (vt)	**membicarakan**	[membiʧarakan]
Gespräch (n)	**pembicaraan**	[pembiʧaraˀan]
Gespräche führen	**berbicara**	[bərbiʧara]
Treffen (n)	**pertemuan**	[pərtemuan]
sich treffen	**bertemu**	[bərtemu]
Sprichwort (n)	**peribahasa**	[pəribahasa]
Redensart (f)	**peribahasa**	[pəribahasa]
Rätsel (n)	**teka-teki**	[teka-teki]
ein Rätsel aufgeben	**memberi teka-teki**	[memberi teka-teki]
Parole (f)	**kata sandi**	[kata sandi]
Geheimnis (n)	**rahasia**	[rahasia]
Eid (m), Schwur (m)	**sumpah**	[sumpah]
schwören (vi, vt)	**bersumpah**	[bərsumpah]
Versprechen (n)	**janji**	[ʤʲanʤi]
versprechen (vt)	**berjanji**	[bərʤʲanʤi]
Rat (m)	**nasihat**	[nasihat]
raten (vt)	**menasihati**	[mənasihati]
einen Rat befolgen	**mengikuti nasihat**	[məŋikuti nasihat]
gehorchen (jemandem ~)	**mendengar ...**	[məndeŋar ...]
Neuigkeit (f)	**berita**	[berita]
Sensation (f)	**sensasi**	[sensasi]
Informationen (pl)	**data, informasi**	[data], [informasi]
Schlussfolgerung (f)	**kesimpulan**	[kesimpulan]
Stimme (f)	**suara**	[suara]
Kompliment (n)	**pujian**	[puʤian]
freundlich	**ramah**	[ramah]
Wort (n)	**kata**	[kata]
Phrase (f)	**frasa**	[frasa]
Antwort (f)	**jawaban**	[ʤʲawaban]
Wahrheit (f)	**kebenaran**	[kebenaran]
Lüge (f)	**kebohongan**	[kebohoŋan]
Gedanke (m)	**pikiran**	[pikiran]
Idee (f)	**ide**	[ide]
Phantasie (f)	**fantasi**	[fantasi]

63. Diskussion, Unterhaltung. Teil 2

angesehen (Adj)	**terhormat**	[tərhormat]
respektieren (vt)	**menghormati**	[məŋhormati]
Respekt (m)	**penghormatan**	[peŋhormatan]
Sehr geehrter ...	**Yth. ... (Yang Terhormat)**	[yaŋ tərhormat]
bekannt machen	**memperkenalkan**	[memperkenalkan]

kennenlernen (vt)	**berkenalan**	[bərkenalan]
Absicht (f)	**niat**	[niat]
beabsichtigen (vt)	**berniat**	[bərniat]
Wunsch (m)	**pengharapan**	[peŋharapan]
wünschen (vt)	**mengharapkan**	[məŋharapkan]
Staunen (n)	**keheranan**	[keheranan]
erstaunen (vt)	**mengherankan**	[məŋherankan]
staunen (vi)	**heran**	[heran]
geben (vt)	**memberi**	[memberi]
nehmen (vt)	**mengambil**	[məŋambil]
herausgeben (vt)	**mengembalikan**	[məŋembalikan]
zurückgeben (vt)	**mengembalikan**	[məŋembalikan]
sich entschuldigen	**meminta maaf**	[meminta maˀaf]
Entschuldigung (f)	**permintaan maaf**	[pərmintaˀan maˀaf]
verzeihen (vt)	**memaafkan**	[memaˀafkan]
sprechen (vi)	**berbicara**	[bərbitʃara]
hören (vt), zuhören (vi)	**mendengarkan**	[məndeŋarkan]
sich anhören	**mendengar**	[məndeŋar]
verstehen (vt)	**mengerti**	[məŋerti]
zeigen (vt)	**menunjukkan**	[mənundʒʲuˀkan]
ansehen (vt)	**melihat …**	[melihat …]
rufen (vt)	**memanggil**	[memaŋgil]
belästigen (vt)	**mengganggu**	[məŋgaŋgu]
stören (vt)	**mengganggu**	[məŋgaŋgu]
übergeben (vt)	**menyampaikan**	[mənjampajkan]
Bitte (f)	**permintaan**	[pərmintaˀan]
bitten (vt)	**meminta**	[meminta]
Verlangen (n)	**tuntutan**	[tuntutan]
verlangen (vt)	**menuntut**	[mənuntut]
necken (vt)	**mengejek**	[məŋedʒʲeˀ]
spotten (vi)	**mencemooh**	[məntʃemooh]
Spott (m)	**cemoohan**	[tʃemoohan]
Spitzname (m)	**nama panggilan**	[nama paŋgilan]
Andeutung (f)	**isyarat**	[iʃarat]
andeuten (vt)	**mengisyaratkan**	[məŋiʃaratkan]
meinen (vt)	**berarti**	[bərarti]
Beschreibung (f)	**penggambaran**	[peŋgambaran]
beschreiben (vt)	**menggambarkan**	[məŋgambarkan]
Lob (n)	**pujian**	[pudʒian]
loben (vt)	**memuji**	[memudʒi]
Enttäuschung (f)	**kekecewaan**	[keketʃewaˀan]
enttäuschen (vt)	**mengecewakan**	[məŋetʃewakan]
enttäuscht sein	**kecewa**	[ketʃewa]
Vermutung (f)	**dugaan**	[dugaˀan]
vermuten (vt)	**menduga**	[mənduga]

Warnung (f)	**peringatan**	[pəriŋatan]
warnen (vt)	**memperingatkan**	[memperiŋatkan]

64. Diskussion, Unterhaltung. Teil 3

überreden (vt)	**meyakinkan**	[meyakinkan]
beruhigen (vt)	**menenangkan**	[mənenaŋkan]
Schweigen (n)	**kebisuan**	[kebisuan]
schweigen (vi)	**membisu**	[membisu]
flüstern (vt)	**berbisik**	[bərbisiˀ]
Flüstern (n)	**bisikan**	[bisikan]
offen (Adv)	**terus terang**	[terus təraŋ]
meiner Meinung nach ...	**menurut saya ...**	[mənurut saja ...]
Detail (n)	**detail, perincian**	[detajl], [pərintʃian]
ausführlich (Adj)	**mendetail**	[məndetajl]
ausführlich (Adv)	**dengan mendetail**	[deŋan mendetajl]
Tipp (m)	**petunjuk**	[petundʒʲuˀ]
einen Tipp geben	**memberi petunjuk**	[memberi petundʒʲuˀ]
Blick (m)	**melihat**	[melihat]
anblicken (vt)	**melihat**	[melihat]
starr (z.B. -en Blick)	**kaku**	[kaku]
blinzeln (mit den Augen)	**berkedip**	[bərkedip]
zwinkern (mit den Augen)	**mengedipkan mata**	[məŋedipkan mata]
nicken (vi)	**mengangguk**	[məŋaŋguˀ]
Seufzer (m)	**desah**	[desah]
aufseufzen (vi)	**mendesah**	[məndesah]
zusammenzucken (vi)	**tersentak**	[tərsentaˀ]
Geste (f)	**gerak tangan**	[geraˀ taŋan]
berühren (vt)	**menyentuh**	[mənjentuh]
ergreifen (vt)	**memegang**	[memegaŋ]
klopfen (vt)	**menepuk**	[mənepuˀ]
Vorsicht!	**Awas! Hati-hati!**	[awas!], [hati-hati!]
Wirklich?	**Sungguh?**	[suŋguh?]
Sind Sie sicher?	**Kamu yakin?**	[kamu yakin?]
Viel Glück!	**Semoga behasil!**	[semoga behasil!]
Klar!	**Begitu!**	[begitu!]
Schade!	**Sayang sekali!**	[sajaŋ sekali!]

65. Zustimmung. Ablehnung

Einverständnis (n)	**persetujuan**	[pərsetudʒʲuan]
zustimmen (vi)	**setuju, ijin**	[setudʒʲu], [idʒin]
Billigung (f)	**persetujuan**	[pərsetudʒʲuan]
billigen (vt)	**menyetujui**	[mənjetudʒʲui]
Absage (f)	**penolakan**	[penolakan]

sich weigern	**menolak**	[mənolaˀ]
Ausgezeichnet!	**Bagus!**	[bagus!]
Ganz recht!	**Baiklah! Baik!**	[bajklah!], [bajˀ!]
Gut! Okay!	**Baiklah! Baik!**	[bajklah!], [bajˀ!]
verboten (Adj)	**larangan**	[laraŋan]
Es ist verboten	**dilarang**	[dilaraŋ]
Es ist unmöglich	**mustahil**	[mustahil]
falsch	**salah**	[salah]
ablehnen (vt)	**menolak**	[mənolaˀ]
unterstützen (vt)	**mendukung**	[məndukuŋ]
akzeptieren (vt)	**menerima**	[mənerima]
bestätigen (vt)	**mengonfirmasi**	[məŋonfirmasi]
Bestätigung (f)	**konfirmasi**	[konfirmasi]
Erlaubnis (f)	**izin**	[izin]
erlauben (vt)	**mengizinkan**	[məŋizinkan]
Entscheidung (f)	**keputusan**	[keputusan]
schweigen (nicht antworten)	**membisu**	[membisu]
Bedingung (f)	**syarat**	[ʃarat]
Ausrede (f)	**alasan, dalih**	[alasan], [dalih]
Lob (n)	**pujian**	[pudʒian]
loben (vt)	**memuji**	[memudʒi]

66. Erfolg. Alles Gute. Misserfolg

Erfolg (m)	**sukses, berhasil**	[sukses], [bərhasil]
erfolgreich (Adv)	**dengan sukses**	[deŋan sukses]
erfolgreich (Adj)	**sukses, berhasil**	[sukses], [bərhasil]
Glück (Glücksfall)	**keberuntungan**	[keberuntuŋan]
Viel Glück!	**Semoga behasil!**	[semoga behasil!]
Glücks- (z.B. -tag)	**beruntung**	[bəruntuŋ]
glücklich (Adj)	**beruntung**	[bəruntuŋ]
Misserfolg (m)	**kegagalan**	[kegagalan]
Missgeschick (n)	**kesialan**	[kesialan]
Unglück (n)	**kesialan**	[kesialan]
missglückt (Adj)	**gagal**	[gagal]
Katastrophe (f)	**gagal total**	[gagal total]
Stolz (m)	**kebanggaan**	[kebaŋgaˀan]
stolz	**bangga**	[baŋga]
stolz sein	**bangga**	[baŋga]
Sieger (m)	**pemenang**	[pemenaŋ]
siegen (vi)	**menang**	[menaŋ]
verlieren (Spiel usw.)	**kalah**	[kalah]
Versuch (m)	**percobaan**	[pərtʃobaˀan]
versuchen (vt)	**mencoba**	[məntʃoba]
Chance (f)	**kans, peluang**	[kans], [peluaŋ]

67. Streit. Negative Gefühle

Schrei (m)	**teriakan**	[təriakan]
schreien (vi)	**berteriak**	[bərteriaˀ]
beginnen zu schreien	**berteriak**	[bərteriaˀ]
Zank (m)	**pertengkaran**	[pərteŋkaran]
sich zanken	**bertengkar**	[bərteŋkar]
Riesenkrach (m)	**pertengkaran**	[pərteŋkaran]
Krach haben	**bertengkar**	[bərteŋkar]
Konflikt (m)	**konflik**	[konfliˀ]
Missverständnis (n)	**kesalahpahaman**	[kesalahpahaman]
Kränkung (f)	**penghinaan**	[peŋhinaˀan]
kränken (vt)	**menghina**	[məŋhina]
gekränkt (Adj)	**terhina**	[tərhina]
Beleidigung (f)	**perasaan tersinggung**	[pərasaˀan tərsiŋguŋ]
beleidigen (vt)	**menyinggung**	[mənjiŋguŋ]
sich beleidigt fühlen	**tersinggung**	[tərsiŋguŋ]
Empörung (f)	**kemarahan**	[kemarahan]
sich empören	**marah**	[marah]
Klage (f)	**komplain, pengaduan**	[kompleyn], [peŋaduan]
klagen (vi)	**mengeluh**	[məŋeluh]
Entschuldigung (f)	**permintaan maaf**	[pərmintaˀan maˀaf]
sich entschuldigen	**meminta maaf**	[meminta maˀaf]
um Entschuldigung bitten	**minta maaf**	[minta maˀaf]
Kritik (f)	**kritik**	[kritiˀ]
kritisieren (vt)	**mengkritik**	[məŋkritiˀ]
Anklage (f)	**tuduhan**	[tuduhan]
anklagen (vt)	**menuduh**	[mənuduh]
Rache (f)	**dendam**	[dendam]
rächen (vt)	**membalas dendam**	[membalas dendam]
sich rächen	**membalas**	[membalas]
Verachtung (f)	**penghinaan**	[peŋhinaˀan]
verachten (vt)	**benci, membenci**	[bentʃi], [membentʃi]
Hass (m)	**rasa benci**	[rasa bentʃi]
hassen (vt)	**membenci**	[membentʃi]
nervös	**gugup, grogi**	[gugup], [grogi]
nervös sein	**gugup, gelisah**	[gugup], [gelisah]
verärgert	**marah**	[marah]
ärgern (vt)	**membuat marah**	[membuat marah]
Erniedrigung (f)	**penghinaan**	[peŋhinaˀan]
erniedrigen (vt)	**merendahkan**	[merendahkan]
sich erniedrigen	**merendahkan diri sendiri**	[merendahkan diri sendiri]
Schock (m)	**keterkejutan**	[keterkedʒʲutan]
schockieren (vt)	**mengejutkan**	[məŋedʒʲutkan]
Ärger (m)	**kesulitan**	[kesulitan]

unangenehm	**tidak menyenangkan**	[tidaˀ menjenaŋkan]
Angst (f)	**ketakutan**	[ketakutan]
furchtbar (z.B. -e Sturm)	**dahsyat**	[dahʃat]
schrecklich	**menakutkan**	[mənakutkan]
Entsetzen (n)	**horor, ketakutan**	[horor], [ketakutan]
entsetzlich	**buruk, parah**	[buruk], [parah]
zittern (vi)	**gemetar**	[gemetar]
weinen (vi)	**menangis**	[mənaŋis]
anfangen zu weinen	**menangis**	[mənaŋis]
Träne (f)	**air mata**	[air mata]
Schuld (f)	**kesalahan**	[kesalahan]
Schuldgefühl (n)	**rasa bersalah**	[rasa bərsalah]
Schmach (f)	**aib**	[aib]
Protest (m)	**protes**	[protes]
Stress (m)	**stres**	[stres]
stören (vt)	**mengganggu**	[məŋgaŋgu]
sich ärgern	**marah**	[marah]
ärgerlich	**marah**	[marah]
abbrechen (vi)	**menghentikan**	[məŋhentikan]
schelten (vi)	**menyumpahi**	[mənyumpahi]
erschrecken (vi)	**takut**	[takut]
schlagen (vt)	**memukul**	[memukul]
sich prügeln	**berkelahi**	[bərkelahi]
beilegen (Konflikt usw.)	**menyelesaikan**	[mənjelesajkan]
unzufrieden	**tidak puas**	[tidaˀ puas]
wütend	**garam**	[garam]
Das ist nicht gut!	**Tidak baik!**	[tidaˀ baiˀ!]
Das ist schlecht!	**Jelek! Buruk!**	[dʒʲeleˀ!], [buruˀ!]

Medizin

68. Krankheiten

Krankheit (f)	**penyakit**	[penjakit]
krank sein	**sakit**	[sakit]
Gesundheit (f)	**kesehatan**	[kesehatan]
Schnupfen (m)	**hidung meler**	[hiduŋ meler]
Angina (f)	**radang tonsil**	[radaŋ tonsil]
Erkältung (f)	**pilek, selesma**	[pilek], [selesma]
sich erkälten	**masuk angin**	[masuˀ aŋin]
Bronchitis (f)	**bronkitis**	[bronkitis]
Lungenentzündung (f)	**radang paru-paru**	[radaŋ paru-paru]
Grippe (f)	**flu**	[flu]
kurzsichtig	**rabun jauh**	[rabun ʤʲauh]
weitsichtig	**rabun dekat**	[rabun dekat]
Schielen (n)	**mata juling**	[mata ʤʲuliŋ]
schielend (Adj)	**bermata juling**	[bərmata ʤʲuliŋ]
grauer Star (m)	**katarak**	[kataraˀ]
Glaukom (n)	**glaukoma**	[glaukoma]
Schlaganfall (m)	**stroke**	[stroke]
Infarkt (m)	**infark**	[infarˀ]
Herzinfarkt (m)	**serangan jantung**	[seraŋan ʤʲantuŋ]
Lähmung (f)	**kelumpuhan**	[kelumpuhan]
lähmen (vt)	**melumpuhkan**	[melumpuhkan]
Allergie (f)	**alergi**	[alergi]
Asthma (n)	**asma**	[asma]
Diabetes (m)	**diabetes**	[diabetes]
Zahnschmerz (m)	**sakit gigi**	[sakit gigi]
Karies (f)	**karies**	[karies]
Durchfall (m)	**diare**	[diare]
Verstopfung (f)	**konstipasi, sembelit**	[konstipasi], [sembelit]
Magenverstimmung (f)	**gangguan pencernaan**	[gaŋuan penʧarnaˀan]
Vergiftung (f)	**keracunan makanan**	[keraʧunan makanan]
Vergiftung bekommen	**keracunan makanan**	[keraʧunan makanan]
Arthritis (f)	**artritis**	[artritis]
Rachitis (f)	**rakitis**	[rakitis]
Rheumatismus (m)	**rematik**	[rematiˀ]
Atherosklerose (f)	**aterosklerosis**	[aterosklerosis]
Gastritis (f)	**radang perut**	[radaŋ pərut]
Blinddarmentzündung (f)	**apendisitis**	[apendisitis]

Cholezystitis (f)	**radang pundi empedu**	[radaŋ pundi empedu]
Geschwür (n)	**tukak lambung**	[tuka' lambuŋ]
Masern (pl)	**penyakit campak**	[penjakit ʧampa']
Röteln (pl)	**penyakit campak Jerman**	[penjakit ʧampa' ʤ'erman]
Gelbsucht (f)	**sakit kuning**	[sakit kuniŋ]
Hepatitis (f)	**hepatitis**	[hepatitis]
Schizophrenie (f)	**skizofrenia**	[skizofrenia]
Tollwut (f)	**rabies**	[rabies]
Neurose (f)	**neurosis**	[neurosis]
Gehirnerschütterung (f)	**gegar otak**	[gegar ota']
Krebs (m)	**kanker**	[kanker]
Sklerose (f)	**sklerosis**	[sklerosis]
multiple Sklerose (f)	**sklerosis multipel**	[sklerosis multipel]
Alkoholismus (m)	**alkoholisme**	[alkoholisme]
Alkoholiker (m)	**alkoholik**	[alkoholi']
Syphilis (f)	**sifilis**	[sifilis]
AIDS	**AIDS**	[ajds]
Tumor (m)	**tumor**	[tumor]
bösartig	**ganas**	[ganas]
gutartig	**jinak**	[ʤina']
Fieber (n)	**demam**	[demam]
Malaria (f)	**malaria**	[malaria]
Gangrän (f, n)	**gangren**	[gaŋren]
Seekrankheit (f)	**mabuk laut**	[mabu' laut]
Epilepsie (f)	**epilepsi**	[epilepsi]
Epidemie (f)	**epidemi**	[epidemi]
Typhus (m)	**tifus**	[tifus]
Tuberkulose (f)	**tuberkulosis**	[tuberkulosis]
Cholera (f)	**kolera**	[kolera]
Pest (f)	**penyakit pes**	[penjakit pes]

69. Symptome. Behandlungen. Teil 1

Symptom (n)	**gejala**	[geʤ'ala]
Temperatur (f)	**temperatur, suhu**	[temperatur], [suhu]
Fieber (n)	**temperatur tinggi**	[temperatur tiŋgi]
Puls (m)	**denyut nadi**	[denyut nadi]
Schwindel (m)	**rasa pening**	[rasa peniŋ]
heiß (Stirne usw.)	**panas**	[panas]
Schüttelfrost (m)	**menggigil**	[məŋgigil]
blass (z.B. -es Gesicht)	**pucat**	[puʧat]
Husten (m)	**batuk**	[batu']
husten (vi)	**batuk**	[batu']
niesen (vi)	**bersin**	[bersin]
Ohnmacht (f)	**pingsan**	[piŋsan]

ohnmächtig werden	**jatuh pingsan**	[dʒʲatuh piŋsan]
blauer Fleck (m)	**luka memar**	[luka memar]
Beule (f)	**bengkak**	[beŋkaˀ]
sich stoßen	**terantuk**	[tərantuˀ]
Prellung (f)	**luka memar**	[luka memar]
sich stoßen	**kena luka memar**	[kena luka memar]
hinken (vi)	**pincang**	[pintʃaŋ]
Verrenkung (f)	**keseleo**	[keseleo]
ausrenken (vt)	**keseleo**	[keseleo]
Fraktur (f)	**fraktura, patah tulang**	[fraktura], [patah tulaŋ]
brechen (Arm usw.)	**patah tulang**	[patah tulaŋ]
Schnittwunde (f)	**teriris**	[təriris]
sich schneiden	**teriris**	[təriris]
Blutung (f)	**perdarahan**	[pərdarahan]
Verbrennung (f)	**luka bakar**	[luka bakar]
sich verbrennen	**menderita luka bakar**	[mənderita luka bakar]
stechen (vt)	**menusuk**	[mənusuˀ]
sich stechen	**tertusuk**	[tərtusuˀ]
verletzen (vt)	**melukai**	[melukaj]
Verletzung (f)	**cedera**	[tʃedera]
Wunde (f)	**luka**	[luka]
Trauma (n)	**trauma**	[trauma]
irrereden (vi)	**mengigau**	[məŋigau]
stottern (vi)	**gagap**	[gagap]
Sonnenstich (m)	**sengatan matahari**	[seŋatan matahari]

70. Symptome. Behandlungen. Teil 2

Schmerz (m)	**sakit**	[sakit]
Splitter (m)	**selumbar**	[selumbar]
Schweiß (m)	**keringat**	[keriŋat]
schwitzen (vi)	**berkeringat**	[bərkeriŋat]
Erbrechen (n)	**muntah**	[muntah]
Krämpfe (pl)	**kram**	[kram]
schwanger	**hamil**	[hamil]
geboren sein	**lahir**	[lahir]
Geburt (f)	**persalinan**	[pərsalinan]
gebären (vt)	**melahirkan**	[melahirkan]
Abtreibung (f)	**aborsi**	[aborsi]
Atem (m)	**pernapasan**	[pərnapasan]
Atemzug (m)	**tarikan napas**	[tarikan napas]
Ausatmung (f)	**napas keluar**	[napas keluar]
ausatmen (vt)	**mengembuskan napas**	[məŋembuskan napas]
einatmen (vt)	**menarik napas**	[mənariˀ napas]
Invalide (m)	**penderita cacat**	[penderita tʃatʃat]
Krüppel (m)	**penderita cacat**	[penderita tʃatʃat]

Drogenabhängiger (m)	**pecandu narkoba**	[petʃandu narkoba]
taub	**tunarungu**	[tunaruŋu]
stumm	**tunawicara**	[tunawitʃara]
taubstumm	**tunarungu-wicara**	[tunaruŋu-witʃara]
verrückt (Adj)	**gila**	[gila]
Irre (m)	**lelaki gila**	[lelaki gila]
Irre (f)	**perempuan gila**	[pərempuan gila]
den Verstand verlieren	**menggila**	[məŋgila]
Gen (n)	**gen**	[gen]
Immunität (f)	**imunitas**	[imunitas]
erblich	**turun-temurun**	[turun-temurun]
angeboren	**bawaan**	[bawaˀan]
Virus (m, n)	**virus**	[virus]
Mikrobe (f)	**mikroba**	[mikroba]
Bakterie (f)	**bakteri**	[bakteri]
Infektion (f)	**infeksi**	[infeksi]

71. Symptome. Behandlungen. Teil 3

Krankenhaus (n)	**rumah sakit**	[rumah sakit]
Patient (m)	**pasien**	[pasien]
Diagnose (f)	**diagnosis**	[diagnosis]
Heilung (f)	**perawatan**	[pərawatan]
Behandlung (f)	**pengobatan medis**	[peŋobatan medis]
Behandlung bekommen	**berobat**	[bərobat]
behandeln (vt)	**merawat**	[merawat]
pflegen (Kranke)	**merawat**	[merawat]
Pflege (f)	**pengasuhan**	[peŋasuhan]
Operation (f)	**operasi, pembedahan**	[operasi], [pembedahan]
verbinden (vt)	**membalut**	[membalut]
Verband (m)	**pembalutan**	[pembalutan]
Impfung (f)	**vaksinasi**	[vaksinasi]
impfen (vt)	**memvaksinasi**	[memvaksinasi]
Spritze (f)	**suntikan**	[suntikan]
eine Spritze geben	**menyuntik**	[mənyuntiˀ]
Anfall (m)	**serangan**	[seraŋan]
Amputation (f)	**amputasi**	[amputasi]
amputieren (vt)	**mengamputasi**	[məŋamputasi]
Koma (n)	**koma**	[koma]
im Koma liegen	**dalam keadaan koma**	[dalam keadaˀan koma]
Reanimation (f)	**perawatan intensif**	[pərawatan intensif]
genesen von ... (vi)	**sembuh**	[sembuh]
Zustand (m)	**keadaan**	[keadaˀan]
Bewusstsein (n)	**kesadaran**	[kesadaran]
Gedächtnis (n)	**memori, daya ingat**	[memori], [daja iŋat]
ziehen (einen Zahn ~)	**mencabut**	[məntʃabut]

Plombe (f)	**tambalan**	[tambalan]
plombieren (vt)	**menambal**	[mənambal]
Hypnose (f)	**hipnosis**	[hipnosis]
hypnotisieren (vt)	**menghipnosis**	[məŋhipnosis]

72. Ärzte

Arzt (m)	**dokter**	[dokter]
Krankenschwester (f)	**suster, juru rawat**	[suster], [dʒʲuru rawat]
Privatarzt (m)	**dokter pribadi**	[dokter pribadi]
Zahnarzt (m)	**dokter gigi**	[dokter gigi]
Augenarzt (m)	**dokter mata**	[dokter mata]
Internist (m)	**ahli penyakit dalam**	[ahli penjakit dalam]
Chirurg (m)	**dokter bedah**	[dokter bedah]
Psychiater (m)	**psikiater**	[psikiater]
Kinderarzt (m)	**dokter anak**	[dokter anaˀ]
Psychologe (m)	**psikolog**	[psikolog]
Frauenarzt (m)	**ginekolog**	[ginekolog]
Kardiologe (m)	**kardiolog**	[kardiolog]

73. Medizin. Medikamente. Accessoires

Arznei (f)	**obat**	[obat]
Heilmittel (n)	**obat**	[obat]
verschreiben (vt)	**meresepkan**	[meresepkan]
Rezept (n)	**resep**	[resep]
Tablette (f)	**pil, tablet**	[pil], [tablet]
Salbe (f)	**salep**	[salep]
Ampulle (f)	**ampul**	[ampul]
Mixtur (f)	**obat cair**	[obat ʧajr]
Sirup (m)	**sirop**	[sirop]
Pille (f)	**pil**	[pil]
Pulver (n)	**bubuk**	[bubuˀ]
Verband (m)	**perban**	[perban]
Watte (f)	**kapas**	[kapas]
Jod (n)	**iodium**	[iodium]
Pflaster (n)	**plester obat**	[plester obat]
Pipette (f)	**tetes mata**	[tetes mata]
Thermometer (n)	**termometer**	[tərmometər]
Spritze (f)	**alat suntik**	[alat suntiˀ]
Rollstuhl (m)	**kursi roda**	[kursi roda]
Krücken (pl)	**kruk**	[kruˀ]
Betäubungsmittel (n)	**obat bius**	[obat bius]
Abführmittel (n)	**laksatif, obat pencuci perut**	[laksatif], [obat penʧuʧi pərut]

Spiritus (m)	**spiritus, alkohol**	[spiritus], [alkohol]
Heilkraut (n)	**tanaman obat**	[tanaman obat]
Kräuter- (z.B. Kräutertee)	**herbal**	[herbal]

74. Rauchen. Tabakwaren

Tabak (m)	**tembakau**	[tembakau]
Zigarette (f)	**rokok**	[rokoˀ]
Zigarre (f)	**cerutu**	[ʧerutu]
Pfeife (f)	**pipa**	[pipa]
Packung (f)	**bungkus**	[buŋkus]
Streichhölzer (pl)	**korek api**	[koreˀ api]
Streichholzschachtel (f)	**kotak korek api**	[kotaˀ koreˀ api]
Feuerzeug (n)	**pemantik**	[pemantiˀ]
Aschenbecher (m)	**asbak**	[asbaˀ]
Zigarettenetui (n)	**selepa**	[selepa]
Mundstück (n)	**pemegang rokok**	[pemegaŋ rokoˀ]
Filter (n)	**filter**	[filter]
rauchen (vi, vt)	**merokok**	[merokoˀ]
anrauchen (vt)	**menyulut rokok**	[mənyulut rokoˀ]
Rauchen (n)	**merokok**	[merokoˀ]
Raucher (m)	**perokok**	[pərokoˀ]
Stummel (m)	**puntung rokok**	[puntuŋ rokoˀ]
Rauch (m)	**asap**	[asap]
Asche (f)	**abu**	[abu]

LEBENSRAUM DES MENSCHEN

Stadt

75. Stadt. Leben in der Stadt

Stadt (f)	**kota**	[kota]
Hauptstadt (f)	**ibu kota**	[ibu kota]
Dorf (n)	**desa**	[desa]
Stadtplan (m)	**peta kota**	[peta kota]
Stadtzentrum (n)	**pusat kota**	[pusat kota]
Vorort (m)	**pinggir kota**	[piŋgir kota]
Vorort-	**pinggir kota**	[piŋgir kota]
Stadtrand (m)	**pinggir**	[piŋgir]
Umgebung (f)	**daerah sekitarnya**	[daerah sekitarnja]
Stadtviertel (n)	**blok**	[bloˀ]
Wohnblock (m)	**blok perumahan**	[bloˀ pərumahan]
Straßenverkehr (m)	**lalu lintas**	[lalu lintas]
Ampel (f)	**lampu lalu lintas**	[lampu lalu lintas]
Stadtverkehr (m)	**angkot**	[aŋkot]
Straßenkreuzung (f)	**persimpangan**	[pərsimpaŋan]
Übergang (m)	**penyeberangan**	[penjeberaŋan]
Fußgängerunterführung (f)	**terowongan penyeberangan**	[tərowoŋan penjeberaŋan]
überqueren (vt)	**menyeberang**	[mənjeberaŋ]
Fußgänger (m)	**pejalan kaki**	[pedʒʲalan kaki]
Gehweg (m)	**trotoar**	[trotoar]
Brücke (f)	**jembatan**	[dʒʲembatan]
Kai (m)	**tepi sungai**	[tepi suŋaj]
Springbrunnen (m)	**air mancur**	[air mantʃur]
Allee (f)	**jalan kecil**	[dʒʲalan ketʃil]
Park (m)	**taman**	[taman]
Boulevard (m)	**bulevar, adimarga**	[bulevar], [adimarga]
Platz (m)	**lapangan**	[lapaŋan]
Avenue (f)	**jalan raya**	[dʒʲalan raja]
Straße (f)	**jalan**	[dʒʲalan]
Gasse (f)	**gang**	[gaŋ]
Sackgasse (f)	**jalan buntu**	[dʒʲalan buntu]
Haus (n)	**rumah**	[rumah]
Gebäude (n)	**gedung**	[geduŋ]
Wolkenkratzer (m)	**pencakar langit**	[pentʃakar laŋit]
Fassade (f)	**bagian depan**	[bagian depan]

Dach (n)	**atap**	[atap]
Fenster (n)	**jendela**	[dʒʲendela]
Bogen (m)	**lengkungan**	[leŋkuŋan]
Säule (f)	**pilar**	[pilar]
Ecke (f)	**sudut**	[sudut]
Schaufenster (n)	**etalase**	[etalase]
Firmenschild (n)	**papan nama**	[papan nama]
Anschlag (m)	**poster**	[poster]
Werbeposter (m)	**poster iklan**	[poster iklan]
Werbeschild (n)	**papan iklan**	[papan iklan]
Müll (m)	**sampah**	[sampah]
Mülleimer (m)	**tong sampah**	[toŋ sampah]
Abfall wegwerfen	**menyampah**	[mənjampah]
Mülldeponie (f)	**tempat pemrosesan akhir (TPA)**	[tempat pemrosesan ahir]
Telefonzelle (f)	**gardu telepon umum**	[gardu telepon umum]
Straßenlaterne (f)	**tiang lampu**	[tiaŋ lampu]
Bank (Park-)	**bangku**	[baŋku]
Polizist (m)	**polisi**	[polisi]
Polizei (f)	**polisi, kepolisian**	[polisi], [kepolisian]
Bettler (m)	**pengemis**	[peŋemis]
Obdachlose (m)	**tuna wisma**	[tuna wisma]

76. Innerstädtische Einrichtungen

Laden (m)	**toko**	[toko]
Apotheke (f)	**apotek, toko obat**	[apotek], [toko obat]
Optik (f)	**optik**	[optiˀ]
Einkaufszentrum (n)	**toserba**	[toserba]
Supermarkt (m)	**pasar swalayan**	[pasar swalajan]
Bäckerei (f)	**toko roti**	[toko roti]
Bäcker (m)	**pembuat roti**	[pembuat roti]
Konditorei (f)	**toko kue**	[toko kue]
Lebensmittelladen (m)	**toko pangan**	[toko paŋan]
Metzgerei (f)	**toko daging**	[toko dagiŋ]
Gemüseladen (m)	**toko sayur**	[toko sajur]
Markt (m)	**pasar**	[pasar]
Kaffeehaus (n)	**warung kopi**	[waruŋ kopi]
Restaurant (n)	**restoran**	[restoran]
Bierstube (f)	**kedai bir**	[kedaj bir]
Pizzeria (f)	**kedai piza**	[kedaj piza]
Friseursalon (m)	**salon rambut**	[salon rambut]
Post (f)	**kantor pos**	[kantor pos]
chemische Reinigung (f)	**penatu kimia**	[penatu kimia]
Fotostudio (n)	**studio foto**	[studio foto]
Schuhgeschäft (n)	**toko sepatu**	[toko sepatu]

Buchhandlung (f)	**toko buku**	[toko buku]
Sportgeschäft (n)	**toko alat olahraga**	[toko alat olahraga]
Kleiderreparatur (f)	**reparasi pakaian**	[reparasi pakajan]
Bekleidungsverleih (m)	**rental pakaian**	[rental pakajan]
Videothek (f)	**rental film**	[rental film]
Zirkus (m)	**sirkus**	[sirkus]
Zoo (m)	**kebun binatang**	[kebun binataŋ]
Kino (n)	**bioskop**	[bioskop]
Museum (n)	**museum**	[museum]
Bibliothek (f)	**perpustakaan**	[pərpustakaˀan]
Theater (n)	**teater**	[teater]
Opernhaus (n)	**opera**	[opera]
Nachtklub (m)	**klub malam**	[klub malam]
Kasino (n)	**kasino**	[kasino]
Moschee (f)	**masjid**	[masʤid]
Synagoge (f)	**sinagoga, kanisah**	[sinagoga], [kanisah]
Kathedrale (f)	**katedral**	[katedral]
Tempel (m)	**kuil, candi**	[kuil], [ʧandi]
Kirche (f)	**gereja**	[gereʤʲa]
Institut (n)	**institut, perguruan tinggi**	[institut], [pərguruan tiŋgi]
Universität (f)	**universitas**	[universitas]
Schule (f)	**sekolah**	[sekolah]
Präfektur (f)	**prefektur, distrik**	[prefektur], [distriˀ]
Rathaus (n)	**balai kota**	[balaj kota]
Hotel (n)	**hotel**	[hotel]
Bank (f)	**bank**	[banˀ]
Botschaft (f)	**kedutaan besar**	[kedutaˀan besar]
Reisebüro (n)	**kantor pariwisata**	[kantor pariwisata]
Informationsbüro (n)	**kantor penerangan**	[kantor peneraŋan]
Wechselstube (f)	**kantor penukaran uang**	[kantor penukaran uaŋ]
U-Bahn (f)	**kereta api bawah tanah**	[kereta api bawah tanah]
Krankenhaus (n)	**rumah sakit**	[rumah sakit]
Tankstelle (f)	**SPBU, stasiun bensin**	[es-pe-be-u], [stasjun bensin]
Parkplatz (m)	**tempat parkir**	[tempat parkir]

77. Innerstädtischer Transport

Bus (m)	**bus**	[bus]
Straßenbahn (f)	**trem**	[trem]
Obus (m)	**bus listrik**	[bus listriˀ]
Linie (f)	**trayek**	[traeˀ]
Nummer (f)	**nomor**	[nomor]
mit ... fahren	**naik ...**	[naiˀ ...]
einsteigen (vi)	**naik**	[naiˀ]

aussteigen (aus dem Bus)	**turun ...**	[turun ...]
Haltestelle (f)	**halte, pemberhentian**	[halte], [pemberhentian]
nächste Haltestelle (f)	**halte berikutnya**	[halte bərikutnja]
Endhaltestelle (f)	**halte terakhir**	[halte tərahir]
Fahrplan (m)	**jadwal**	[dʒʲadwal]
warten (vi, vt)	**menunggu**	[mənuŋgu]
Fahrkarte (f)	**tiket**	[tiket]
Fahrpreis (m)	**harga karcis**	[harga kartʃis]
Kassierer (m)	**kasir**	[kasir]
Fahrkartenkontrolle (f)	**pemeriksaan tiket**	[pemeriksaˀan tiket]
Fahrkartenkontrolleur (m)	**kondektur**	[kondektur]
sich verspäten	**terlambat ...**	[tərlambat ...]
versäumen (Zug usw.)	**ketinggalan**	[ketiŋgalan]
sich beeilen	**tergesa-gesa**	[tərgesa-gesa]
Taxi (n)	**taksi**	[taksi]
Taxifahrer (m)	**sopir taksi**	[sopir taksi]
mit dem Taxi	**naik taksi**	[naiˀ taksi]
Taxistand (m)	**pangkalan taksi**	[paŋkalan taksi]
ein Taxi rufen	**memanggil taksi**	[memaŋgil taksi]
ein Taxi nehmen	**menaiki taksi**	[mənajki taksi]
Straßenverkehr (m)	**lalu lintas**	[lalu lintas]
Stau (m)	**kemacetan lalu lintas**	[kematʃetan lalu lintas]
Hauptverkehrszeit (f)	**jam sibuk**	[dʒʲam sibuˀ]
parken (vi)	**parkir**	[parkir]
parken (vt)	**memarkir**	[memarkir]
Parkplatz (m)	**tempat parkir**	[tempat parkir]
U-Bahn (f)	**kereta api bawah tanah**	[kereta api bawah tanah]
Station (f)	**stasiun**	[stasiun]
mit der U-Bahn fahren	**naik kereta api bawah tanah**	[naiˀ kereta api bawah tanah]
Zug (m)	**kereta api**	[kereta api]
Bahnhof (m)	**stasiun kereta api**	[stasiun kereta api]

78. Sehenswürdigkeiten

Denkmal (n)	**monumen, patung**	[monumen], [patuŋ]
Festung (f)	**benteng**	[benteŋ]
Palast (m)	**istana**	[istana]
Schloss (n)	**kastil**	[kastil]
Turm (m)	**menara**	[mənara]
Mausoleum (n)	**mausoleum**	[mausoleum]
Architektur (f)	**arsitektur**	[arsitektur]
mittelalterlich	**abad pertengahan**	[abad pərteŋahan]
alt (antik)	**kuno**	[kuno]
national	**nasional**	[nasional]
berühmt	**terkenal**	[tərkenal]
Tourist (m)	**turis, wisatawan**	[turis], [wisatawan]

Fremdenführer (m)	**pemandu wisata**	[pemandu wisata]
Ausflug (m)	**ekskursi**	[ekskursi]
zeigen (vt)	**menunjukkan**	[mənundʒʲuˀkan]
erzählen (vt)	**menceritakan**	[mənʧeritakan]
finden (vt)	**mendapatkan**	[məndapatkan]
sich verlieren	**tersesat**	[tərsesat]
Karte (U-Bahn ~)	**denah**	[denah]
Karte (Stadt-)	**peta**	[peta]
Souvenir (n)	**suvenir**	[suvenir]
Souvenirladen (m)	**toko suvenir**	[toko suvenir]
fotografieren (vt)	**memotret**	[memotret]
sich fotografieren	**berfoto**	[bərfoto]

79. Shopping

kaufen (vt)	**membeli**	[membeli]
Einkauf (m)	**belanjaan**	[belandʒʲaˀan]
einkaufen gehen	**berbelanja**	[bərbelandʒʲa]
Einkaufen (n)	**berbelanja**	[bərbelandʒʲa]
offen sein (Laden)	**buka**	[buka]
zu sein	**tutup**	[tutup]
Schuhe (pl)	**sepatu**	[sepatu]
Kleidung (f)	**pakaian**	[pakajan]
Kosmetik (f)	**kosmetik**	[kosmetiˀ]
Lebensmittel (pl)	**produk makanan**	[produˀ makanan]
Geschenk (n)	**hadiah**	[hadiah]
Verkäufer (m)	**pramuniaga**	[pramuniaga]
Verkäuferin (f)	**pramuniaga perempuan**	[pramuniaga pərempuan]
Kasse (f)	**kas**	[kas]
Spiegel (m)	**cermin**	[ʧermin]
Ladentisch (m)	**konter**	[konter]
Umkleidekabine (f)	**kamar pas**	[kamar pas]
anprobieren (vt)	**mengepas**	[məŋepas]
passen (Schuhe, Kleid)	**pas, cocok**	[pas], [ʧoʧoˀ]
gefallen (vi)	**suka**	[suka]
Preis (m)	**harga**	[harga]
Preisschild (n)	**label harga**	[label harga]
kosten (vt)	**berharga**	[bərharga]
Wie viel?	**Berapa?**	[bərapa?]
Rabatt (m)	**diskon**	[diskon]
preiswert	**tidak mahal**	[tidaˀ mahal]
billig	**murah**	[murah]
teuer	**mahal**	[mahal]
Das ist teuer	**Ini mahal**	[ini mahal]
Verleih (m)	**rental, persewaan**	[rental], [pərsewaˀan]

leihen, mieten (ein Auto usw.)	**menyewa**	[mənjewa]
Kredit (m), Darlehen (n)	**kredit**	[kredit]
auf Kredit	**secara kredit**	[setʃara kredit]

80. Geld

Geld (n)	**uang**	[uaŋ]
Austausch (m)	**pertukaran mata uang**	[pərtukaran mata uaŋ]
Kurs (m)	**nilai tukar**	[nilaj tukar]
Geldautomat (m)	**Anjungan Tunai Mandiri, ATM**	[andʒʲuŋan tunaj mandiri], [a-te-em]
Münze (f)	**koin**	[koin]
Dollar (m)	**dolar**	[dolar]
Euro (m)	**euro**	[euro]
Lira (f)	**lira**	[lira]
Mark (f)	**Mark Jerman**	[marˀ dʒʲerman]
Franken (m)	**franc**	[frantʃ]
Pfund Sterling (n)	**poundsterling**	[paundsterliŋ]
Yen (m)	**yen**	[yen]
Schulden (pl)	**utang**	[utaŋ]
Schuldner (m)	**pengutang**	[peŋutaŋ]
leihen (vt)	**meminjamkan**	[memindʒʲamkan]
leihen, borgen (Geld usw.)	**meminjam**	[memindʒʲam]
Bank (f)	**bank**	[banˀ]
Konto (n)	**rekening**	[rekeniŋ]
einzahlen (vt)	**memasukkan**	[memasuˀkan]
auf ein Konto einzahlen	**memasukkan ke rekening**	[memasuˀkan ke rekeniŋ]
abheben (vt)	**menarik uang**	[mənariˀ uaŋ]
Kreditkarte (f)	**kartu kredit**	[kartu kredit]
Bargeld (n)	**uang kontan, uang tunai**	[uaŋ kontan], [uaŋ tunaj]
Scheck (m)	**cek**	[tʃeˀ]
einen Scheck schreiben	**menulis cek**	[mənulis tʃeˀ]
Scheckbuch (n)	**buku cek**	[buku tʃeˀ]
Geldtasche (f)	**dompet**	[dompet]
Geldbeutel (m)	**dompet, pundi-pundi**	[dompet], [pundi-pundi]
Safe (m)	**brankas**	[brankas]
Erbe (m)	**pewaris**	[pewaris]
Erbschaft (f)	**warisan**	[warisan]
Vermögen (n)	**kekayaan**	[kekajaˀan]
Pacht (f)	**sewa**	[sewa]
Miete (f)	**uang sewa**	[uaŋ sewa]
mieten (vt)	**menyewa**	[mənjewa]
Preis (m)	**harga**	[harga]
Kosten (pl)	**harga**	[harga]
Summe (f)	**jumlah**	[dʒʲumlah]

ausgeben (vt)	**menghabiskan**	[məŋhabiskan]
Ausgaben (pl)	**ongkos**	[oŋkos]
sparen (vt)	**menghemat**	[məŋhemat]
sparsam	**hemat**	[hemat]
zahlen (vt)	**membayar**	[membajar]
Lohn (m)	**pembayaran**	[pembajaran]
Wechselgeld (n)	**kembalian**	[kembalian]
Steuer (f)	**pajak**	[padʒʲaˀ]
Geldstrafe (f)	**denda**	[denda]
bestrafen (vt)	**mendenda**	[məndenda]

81. Post. Postdienst

Post (Postamt)	**kantor pos**	[kantor pos]
Post (Postsendungen)	**surat**	[surat]
Briefträger (m)	**tukang pos**	[tukaŋ pos]
Öffnungszeiten (pl)	**jam buka**	[dʒʲam buka]
Brief (m)	**surat**	[surat]
Einschreibebrief (m)	**surat tercatat**	[surat tərtʃatat]
Postkarte (f)	**kartu pos**	[kartu pos]
Telegramm (n)	**telegram**	[telegram]
Postpaket (n)	**parsel, paket pos**	[parsel], [paket pos]
Geldanweisung (f)	**wesel pos**	[wesel pos]
bekommen (vt)	**menerima**	[mənerima]
abschicken (vt)	**mengirim**	[məŋirim]
Absendung (f)	**pengiriman**	[peŋiriman]
Postanschrift (f)	**alamat**	[alamat]
Postleitzahl (f)	**kode pos**	[kode pos]
Absender (m)	**pengirim**	[peŋirim]
Empfänger (m)	**penerima**	[penerima]
Vorname (m)	**nama**	[nama]
Nachname (m)	**nama keluarga**	[nama keluarga]
Tarif (m)	**tarif**	[tarif]
Standard- (Tarif)	**biasa, standar**	[biasa], [standar]
Spar- (-tarif)	**ekonomis**	[ekonomis]
Gewicht (n)	**berat**	[berat]
abwiegen (vt)	**menimbang**	[mənimbaŋ]
Briefumschlag (m)	**amplop**	[amplop]
Briefmarke (f)	**prangko**	[praŋko]
Briefmarke aufkleben	**menempelkan prangko**	[mənempelkan praŋko]

Wohnung. Haus. Zuhause

82. Haus. Wohnen

Haus (n)	**rumah**	[rumah]
zu Hause	**di rumah**	[di rumah]
Hof (m)	**pekarangan**	[pekaraŋan]
Zaun (m)	**pagar**	[pagar]
Ziegel (m)	**bata, batu bata**	[bata], [batu bata]
Ziegel-	**bata, batu bata**	[bata], [batu bata]
Stein (m)	**batu**	[batu]
Stein-	**batu**	[batu]
Beton (m)	**beton**	[beton]
Beton-	**beton**	[beton]
neu	**baru**	[baru]
alt	**tua**	[tua]
baufällig	**reyot**	[reyot]
modern	**modern**	[modern]
mehrstöckig	**susun**	[susun]
hoch	**tinggi**	[tiŋgi]
Stock (m)	**lantai**	[lantaj]
einstöckig	**berlantai satu**	[bərlantaj satu]
Erdgeschoß (n)	**lantai bawah**	[lantaj bawah]
oberster Stock (m)	**lantai atas**	[lantaj atas]
Dach (n)	**atap**	[atap]
Schlot (m)	**cerobong**	[ʧeroboŋ]
Dachziegel (m)	**genting**	[gentiŋ]
Dachziegel-	**bergenting**	[bərgentiŋ]
Dachboden (m)	**loteng**	[loteŋ]
Fenster (n)	**jendela**	[ʤʲendela]
Glas (n)	**kaca**	[kaʧa]
Fensterbrett (n)	**ambang jendela**	[ambaŋ ʤʲendela]
Fensterläden (pl)	**daun jendela**	[daun ʤʲendela]
Wand (f)	**dinding**	[dindiŋ]
Balkon (m)	**balkon**	[balkon]
Regenfallrohr (n)	**pipa talang**	[pipa talaŋ]
nach oben	**di atas**	[di atas]
hinaufgehen (vi)	**naik**	[naiˀ]
herabsteigen (vi)	**turun**	[turun]
umziehen (vi)	**pindah**	[pindah]

83. Haus. Eingang. Lift

Eingang (m)	**pintu masuk**	[pintu masuʔ]
Treppe (f)	**tangga**	[taŋga]
Stufen (pl)	**anak tangga**	[anaʔ taŋga]
Geländer (n)	**pegangan tangan**	[pegaŋan taŋan]
Halle (f)	**lobi, ruang depan**	[lobi], [ruaŋ depan]
Briefkasten (m)	**kotak pos**	[kotaʔ pos]
Müllkasten (m)	**tong sampah**	[toŋ sampah]
Müllschlucker (m)	**saluran pembuangan sampah**	[saluran pembuaŋan sampah]
Aufzug (m)	**elevator**	[elevator]
Lastenaufzug (m)	**lift barang**	[lift baraŋ]
Aufzugkabine (f)	**kabin lift**	[kabin lift]
Aufzug nehmen	**naik elevator**	[naiʔ elevator]
Wohnung (f)	**apartemen**	[apartemen]
Mieter (pl)	**penghuni**	[peŋhuni]
Nachbar (m)	**tetangga**	[tetaŋga]
Nachbarin (f)	**tetangga**	[tetaŋga]
Nachbarn (pl)	**para tetangga**	[para tetaŋga]

84. Haus. Türen. Schlösser

Tür (f)	**pintu**	[pintu]
Tor (der Villa usw.)	**pintu gerbang**	[pintu gerbaŋ]
Griff (m)	**gagang pintu**	[gagaŋ pintu]
aufschließen (vt)	**membuka kunci**	[membuka kunʧi]
öffnen (vt)	**membuka**	[membuka]
schließen (vt)	**menutup**	[mənutup]
Schlüssel (m)	**kunci**	[kunʧi]
Bündel (n)	**serangkaian kunci**	[seraŋkajan kunʧi]
knarren (vi)	**bergerit**	[bərgerit]
Knarren (n)	**gerit**	[gerit]
Türscharnier (n)	**engsel**	[eŋsel]
Fußmatte (f)	**tikar**	[tikar]
Schloss (n)	**kunci pintu**	[kunʧi pintu]
Schlüsselloch (n)	**lubang kunci**	[lubaŋ kunʧi]
Türriegel (m)	**gerendel**	[gerendel]
kleiner Türriegel (m)	**gerendel**	[gerendel]
Vorhängeschloss (n)	**gembok**	[gemboʔ]
klingeln (vi)	**membunyikan**	[membunjikan]
Klingel (Laut)	**dering**	[deriŋ]
Türklingel (f)	**bel**	[bel]
Knopf (m)	**kenop**	[kenop]
Klopfen (n)	**ketukan**	[ketukan]
anklopfen (vi)	**mengetuk**	[məŋetuʔ]

Code (m)	**kode**	[kode]
Zahlenschloss (n)	**gembok berkode**	[gembo' bərkode]
Sprechanlage (f)	**interkom**	[interkom]
Nummer (f)	**nomor**	[nomor]
Türschild (n)	**papan tanda**	[papan tanda]
Türspion (m)	**lubang intip**	[lubaŋ intip]

85. Landhaus

Dorf (n)	**desa**	[desa]
Gemüsegarten (m)	**kebun sayur**	[kebun sajur]
Zaun (m)	**pagar**	[pagar]
Lattenzaun (m)	**pagar**	[pagar]
Zauntür (f)	**pintu pagar**	[pintu pagar]
Speicher (m)	**lumbung**	[lumbuŋ]
Keller (m)	**kelder**	[kelder]
Schuppen (m)	**gubuk**	[gubu']
Brunnen (m)	**sumur**	[sumur]
Ofen (m)	**tungku**	[tuŋku]
heizen (Ofen ~)	**menyalakan tungku**	[mənjalakan tuŋku]
Holz (n)	**kayu bakar**	[kaju bakar]
Holzscheit (n)	**potongan kayu bakar**	[potoŋan kaju bakar]
Veranda (f)	**beranda**	[bəranda]
Terrasse (f)	**teras**	[teras]
Außentreppe (f)	**anjungan depan**	[andʒʲuŋan depan]
Schaukel (f)	**ayunan**	[ajunan]

86. Burg. Palast

Schloss (n)	**kastil**	[kastil]
Palast (m)	**istana**	[istana]
Festung (f)	**benteng**	[benteŋ]
Mauer (f)	**tembok**	[tembo']
Turm (m)	**menara**	[mənara]
Bergfried (m)	**menara utama**	[mənara utama]
Fallgatter (n)	**jeruji pintu kota**	[dʒʲerudʒi pintu kota]
Tunnel (n)	**jalan bawah tanah**	[dʒʲalan bawah tanah]
Graben (m)	**parit**	[parit]
Kette (f)	**rantai**	[rantaj]
Schießscharte (f)	**laras panah, lop panah**	[laras panah], [lop panah]
großartig, prächtig	**megah**	[megah]
majestätisch	**megah sekali**	[megah sekali]
unnahbar	**sulit dicapai**	[sulit ditʃapaj]
mittelalterlich	**abad pertengahan**	[abad pərteŋahan]

87. Wohnung

Wohnung (f)	**apartemen**	[apartemen]
Zimmer (n)	**kamar**	[kamar]
Schlafzimmer (n)	**kamar tidur**	[kamar tidur]
Esszimmer (n)	**ruang makan**	[ruaŋ makan]
Wohnzimmer (n)	**ruang tamu**	[ruaŋ tamu]
Arbeitszimmer (n)	**ruang kerja**	[ruaŋ kerdʒʲa]
Vorzimmer (n)	**ruang depan**	[ruaŋ depan]
Badezimmer (n)	**kamar mandi**	[kamar mandi]
Toilette (f)	**kamar kecil**	[kamar ketʃil]
Decke (f)	**plafon, langit-langit**	[plafon], [laŋit-laŋit]
Fußboden (m)	**lantai**	[lantaj]
Ecke (f)	**sudut**	[sudut]

88. Wohnung. Saubermachen

aufräumen (vt)	**membereskan**	[membereskan]
weglegen (vt)	**meletakkan**	[meletaˀkan]
Staub (m)	**debu**	[debu]
staubig	**debu**	[debu]
Staub abwischen	**menyapu debu**	[mənjapu debu]
Staubsauger (m)	**pengisap debu**	[peŋisap debu]
Staub saugen	**membersihkan dengan pengisap debu**	[membersihkan deŋan peŋisap debu]
kehren, fegen (vt)	**menyapu**	[mənjapu]
Kehricht (m, n)	**sampah**	[sampah]
Ordnung (f)	**kerapian**	[kerapian]
Unordnung (f)	**berantakan**	[bərantakan]
Schrubber (m)	**kain pel**	[kain pel]
Lappen (m)	**lap**	[lap]
Besen (m)	**sapu lidi**	[sapu lidi]
Kehrichtschaufel (f)	**pengki**	[peŋki]

89. Möbel. Innenausstattung

Möbel (n)	**mebel**	[mebel]
Tisch (m)	**meja**	[medʒʲa]
Stuhl (m)	**kursi**	[kursi]
Bett (n)	**ranjang**	[randʒʲaŋ]
Sofa (n)	**dipan**	[dipan]
Sessel (m)	**kursi malas**	[kursi malas]
Bücherschrank (m)	**lemari buku**	[lemari buku]
Regal (n)	**rak**	[raˀ]
Schrank (m)	**lemari pakaian**	[lemari pakajan]

Hakenleiste (f)	**kapstok**	[kapstoˀ]
Kleiderständer (m)	**kapstok berdiri**	[kapstoˀ bərdiri]
Kommode (f)	**lemari laci**	[lemari laʧi]
Couchtisch (m)	**meja kopi**	[meʤʲa kopi]
Spiegel (m)	**cermin**	[ʧermin]
Teppich (m)	**permadani**	[pərmadani]
Matte (kleiner Teppich)	**karpet kecil**	[karpet keʧil]
Kamin (m)	**perapian**	[pərapian]
Kerze (f)	**lilin**	[lilin]
Kerzenleuchter (m)	**kaki lilin**	[kaki lilin]
Vorhänge (pl)	**gorden**	[gorden]
Tapete (f)	**kertas dinding**	[kertas dindiŋ]
Jalousie (f)	**kerai**	[keraj]
Tischlampe (f)	**lampu meja**	[lampu meʤʲa]
Leuchte (f)	**lampu dinding**	[lampu dindiŋ]
Stehlampe (f)	**lampu lantai**	[lampu lantaj]
Kronleuchter (m)	**lampu bercabang**	[lampu bərʧabaŋ]
Bein (Tischbein usw.)	**kaki**	[kaki]
Armlehne (f)	**lengan**	[leŋan]
Lehne (f)	**sandaran**	[sandaran]
Schublade (f)	**laci**	[laʧi]

90. Bettwäsche

Bettwäsche (f)	**kain kasur**	[kain kasur]
Kissen (n)	**bantal**	[bantal]
Kissenbezug (m)	**sarung bantal**	[saruŋ bantal]
Bettdecke (f)	**selimut**	[selimut]
Laken (n)	**seprai**	[sepraj]
Tagesdecke (f)	**selubung kasur**	[selubuŋ kasur]

91. Küche

Küche (f)	**dapur**	[dapur]
Gas (n)	**gas**	[gas]
Gasherd (m)	**kompor gas**	[kompor gas]
Elektroherd (m)	**kompor listrik**	[kompor listriˀ]
Backofen (m)	**oven**	[oven]
Mikrowellenherd (m)	**microwave**	[majkrowav]
Kühlschrank (m)	**lemari es, kulkas**	[lemari es], [kulkas]
Tiefkühltruhe (f)	**lemari pembeku**	[lemari pembeku]
Geschirrspülmaschine (f)	**mesin pencuci piring**	[mesin pənʧuʧi piriŋ]
Fleischwolf (m)	**alat pelumat daging**	[alat pelumat dagiŋ]
Saftpresse (f)	**mesin sari buah**	[mesin sari buah]

Toaster (m)	**alat pemanggang roti**	[alat pemaŋgaŋ roti]
Mixer (m)	**pencampur**	[pentʃampur]
Kaffeemaschine (f)	**mesin pembuat kopi**	[mesin pembuat kopi]
Kaffeekanne (f)	**teko kopi**	[teko kopi]
Kaffeemühle (f)	**mesin penggiling kopi**	[mesin peŋgiliŋ kopi]
Wasserkessel (m)	**cerek**	[tʃereˀ]
Teekanne (f)	**teko**	[teko]
Deckel (m)	**tutup**	[tutup]
Teesieb (n)	**saringan teh**	[sariŋan teh]
Löffel (m)	**sendok**	[sendoˀ]
Teelöffel (m)	**sendok teh**	[sendoˀ teh]
Esslöffel (m)	**sendok makan**	[sendoˀ makan]
Gabel (f)	**garpu**	[garpu]
Messer (n)	**pisau**	[pisau]
Geschirr (n)	**piring mangkuk**	[piriŋ maŋkuˀ]
Teller (m)	**piring**	[piriŋ]
Untertasse (f)	**alas cangkir**	[alas tʃaŋkir]
Schnapsglas (n)	**seloki**	[seloki]
Glas (n)	**gelas**	[gelas]
Tasse (f)	**cangkir**	[tʃaŋkir]
Zuckerdose (f)	**wadah gula**	[wadah gula]
Salzstreuer (m)	**wadah garam**	[wadah garam]
Pfefferstreuer (m)	**wadah merica**	[wadah meritʃa]
Butterdose (f)	**wadah mentega**	[wadah mentega]
Kochtopf (m)	**panci**	[pantʃi]
Pfanne (f)	**kuali**	[kuali]
Schöpflöffel (m)	**sudu**	[sudu]
Durchschlag (m)	**saringan**	[sariŋan]
Tablett (n)	**talam**	[talam]
Flasche (f)	**botol**	[botol]
Glas (Einmachglas)	**gelas**	[gelas]
Dose (f)	**kaleng**	[kaleŋ]
Flaschenöffner (m)	**pembuka botol**	[pembuka botol]
Dosenöffner (m)	**pembuka kaleng**	[pembuka kaleŋ]
Korkenzieher (m)	**kotrek**	[kotreˀ]
Filter (n)	**saringan**	[sariŋan]
filtern (vt)	**saringan**	[sariŋan]
Müll (m)	**sampah**	[sampah]
Mülleimer, Treteimer (m)	**tong sampah**	[toŋ sampah]

92. Bad

Badezimmer (n)	**kamar mandi**	[kamar mandi]
Wasser (n)	**air**	[air]

Wasserhahn (m)	**keran**	[keran]
Warmwasser (n)	**air panas**	[air panas]
Kaltwasser (n)	**air dingin**	[air diŋin]
Zahnpasta (f)	**pasta gigi**	[pasta gigi]
Zähne putzen	**menggosok gigi**	[məŋgosoʔ gigi]
Zahnbürste (f)	**sikat gigi**	[sikat gigi]
sich rasieren	**bercukur**	[bərʧukur]
Rasierschaum (m)	**busa cukur**	[busa ʧukur]
Rasierer (m)	**pisau cukur**	[pisau ʧukur]
waschen (vt)	**mencuci**	[mənʧuʧi]
sich waschen	**mandi**	[mandi]
Dusche (f)	**pancuran**	[panʧuran]
sich duschen	**mandi pancuran**	[mandi panʧuran]
Badewanne (f)	**bak mandi**	[baʔ mandi]
Klosettbecken (n)	**kloset**	[kloset]
Waschbecken (n)	**wastafel**	[wastafel]
Seife (f)	**sabun**	[sabun]
Seifenschale (f)	**wadah sabun**	[wadah sabun]
Schwamm (m)	**spons**	[spons]
Shampoo (n)	**sampo**	[sampo]
Handtuch (n)	**handuk**	[handuʔ]
Bademantel (m)	**jubah mandi**	[ʤʲubah mandi]
Wäsche (f)	**pencucian**	[penʧuʧian]
Waschmaschine (f)	**mesin cuci**	[mesin ʧuʧi]
waschen (vt)	**mencuci**	[mənʧuʧi]
Waschpulver (n)	**deterjen cuci**	[deterʤʲen ʧuʧi]

93. Haushaltsgeräte

Fernseher (m)	**pesawat TV**	[pesawat ti-vi]
Tonbandgerät (n)	**alat perekam**	[alat pərekam]
Videorekorder (m)	**video, VCR**	[vidio], [vi-si-er]
Empfänger (m)	**radio**	[radio]
Player (m)	**pemutar**	[pemutar]
Videoprojektor (m)	**proyektor video**	[proektor video]
Heimkino (n)	**bioskop rumah**	[bioskop rumah]
DVD-Player (m)	**pemutar DVD**	[pemutar di-vi-di]
Verstärker (m)	**penguat**	[peŋuat]
Spielkonsole (f)	**konsol permainan video**	[konsol pərmajnan video]
Videokamera (f)	**kamera video**	[kamera video]
Kamera (f)	**kamera**	[kamera]
Digitalkamera (f)	**kamera digital**	[kamera digital]
Staubsauger (m)	**pengisap debu**	[peŋisap debu]
Bügeleisen (n)	**setrika**	[setrika]

Bügelbrett (n)	**papan setrika**	[papan setrika]
Telefon (n)	**telepon**	[telepon]
Mobiltelefon (n)	**ponsel**	[ponsel]
Schreibmaschine (f)	**mesin ketik**	[mesin keti`]
Nähmaschine (f)	**mesin jahit**	[mesin dʒʲahit]
Mikrophon (n)	**mikrofon**	[mikrofon]
Kopfhörer (m)	**headphone, fonkepala**	[headphone], [fonkepala]
Fernbedienung (f)	**panel kendali**	[panel kendali]
CD (f)	**cakram kompak**	[ʧakram kompa`]
Kassette (f)	**kaset**	[kaset]
Schallplatte (f)	**piringan hitam**	[piriŋan hitam]

94. Reparaturen. Renovierung

Renovierung (f)	**renovasi**	[renovasi]
renovieren (vt)	**merenovasi**	[merenovasi]
reparieren (vt)	**mereparasi, memperbaiki**	[mereparasi], [memperbajki]
in Ordnung bringen	**membereskan**	[membereskan]
noch einmal machen	**mengulangi**	[məŋulaŋi]
Farbe (f)	**cat**	[ʧat]
streichen (vt)	**mengecat**	[məŋeʧat]
Anstreicher (m)	**tukang cat**	[tukaŋ ʧat]
Pinsel (m)	**kuas**	[kuas]
Kalkfarbe (f)	**cat kapur**	[ʧat kapur]
weißen (vt)	**mengapur**	[məŋapur]
Tapete (f)	**kertas dinding**	[kertas dindiŋ]
tapezieren (vt)	**memasang kertas dinding**	[memasaŋ kertas dindiŋ]
Lack (z.B. Parkettlack)	**pernis**	[pernis]
lackieren (vt)	**memernis**	[memernis]

95. Rohrleitungen

Wasser (n)	**air**	[air]
Warmwasser (n)	**air panas**	[air panas]
Kaltwasser (n)	**air dingin**	[air diŋin]
Wasserhahn (m)	**keran**	[keran]
Tropfen (m)	**tetes**	[tetes]
tropfen (vi)	**menetes**	[mənetes]
durchsickern (vi)	**bocor**	[boʧor]
Leck (n)	**kebocoran**	[keboʧoran]
Lache (f)	**kubangan**	[kubaŋan]
Rohr (n)	**pipa**	[pipa]
Ventil (n)	**katup**	[katup]
sich verstopfen	**tersumbat**	[tərsumbat]
Werkzeuge (pl)	**peralatan**	[pəralatan]

Engländer (m)	**kunci inggris**	[kunʧi iŋgris]
abdrehen (vt)	**mengendurkan**	[məŋendurkan]
zudrehen (vt)	**mengencangkan**	[məŋenʧaŋkan]
reinigen (Rohre ~)	**membersihkan**	[membersihkan]
Klempner (m)	**tukang pipa**	[tukaŋ pipa]
Keller (m)	**rubanah**	[rubanah]
Kanalisation (f)	**riol**	[riol]

96. Feuer. Brand

Feuer (n)	**kebakaran**	[kebakaran]
Flamme (f)	**nyala api**	[njala api]
Funke (m)	**percikan api**	[pərʧikan api]
Rauch (m)	**asap**	[asap]
Fackel (f)	**obor**	[obor]
Lagerfeuer (n)	**api unggun**	[api uŋgun]
Benzin (n)	**bensin**	[bensin]
Kerosin (n)	**minyak tanah**	[minja' tanah]
brennbar	**mudah terbakar**	[mudah tərbakar]
explosiv	**mudah meledak**	[mudah meleda']
RAUCHEN VERBOTEN!	**DILARANG MEROKOK!**	[dilaraŋ meroko'!]
Sicherheit (f)	**keamanan**	[keamanan]
Gefahr (f)	**bahaya**	[bahaja]
gefährlich	**berbahaya**	[bərbahaja]
sich entflammen	**menyala**	[mənjala]
Explosion (f)	**ledakan**	[ledakan]
in Brand stecken	**membakar**	[membakar]
Brandstifter (m)	**pelaku pembakaran**	[pelaku pembakaran]
Brandstiftung (f)	**pembakaran**	[pembakaran]
flammen (vi)	**berkobar**	[bərkobar]
brennen (vi)	**menyala**	[mənjala]
verbrennen (vi)	**terbakar**	[tərbakar]
die Feuerwehr rufen	**memanggil pemadam kebakaran**	[memaŋgil pemadam kebakaran]
Feuerwehrmann (m)	**pemadam kebakaran**	[pemadam kebakaran]
Feuerwehrauto (n)	**branwir**	[branwir]
Feuerwehr (f)	**pemadam kebakaran**	[pemadam kebakaran]
Drehleiter (f)	**tangga branwir**	[taŋga branwir]
Feuerwehrschlauch (m)	**selang pemadam**	[selaŋ pemadam]
Feuerlöscher (m)	**pemadam api**	[pemadam api]
Helm (m)	**helm**	[helm]
Sirene (f)	**sirene**	[sirene]
schreien (vi)	**berteriak**	[bərteria']
um Hilfe rufen	**meminta pertolongan**	[meminta pərtoloŋan]
Retter (m)	**penyelamat**	[penjelamat]
retten (vt)	**menyelamatkan**	[mənjelamatkan]

ankommen (vi)	**datang**	[dataŋ]
löschen (vt)	**memadamkan**	[memadamkan]
Wasser (n)	**air**	[air]
Sand (m)	**pasir**	[pasir]
Trümmer (pl)	**reruntuhan**	[reruntuhan]
zusammenbrechen (vi)	**runtuh**	[runtuh]
einfallen (vi)	**roboh**	[roboh]
einstürzen (Decke)	**roboh**	[roboh]
Bruchstück (n)	**serpihan**	[serpihan]
Asche (f)	**abu**	[abu]
ersticken (vi)	**mati lemas**	[mati lemas]
ums Leben kommen	**mati, tewas**	[mati], [tewas]

AKTIVITÄTEN DES MENSCHEN

Beruf. Geschäft. Teil 1

97. Bankgeschäft

Bank (f)	**bank**	[banʔ]
Filiale (f)	**cabang**	[ʧabaŋ]
Berater (m)	**konsultan**	[konsultan]
Leiter (m)	**manajer**	[manaʤʲer]
Konto (n)	**rekening**	[rekeniŋ]
Kontonummer (f)	**nomor rekening**	[nomor rekeniŋ]
Kontokorrent (n)	**rekening koran**	[rekeniŋ koran]
Sparkonto (n)	**rekening simpanan**	[rekeniŋ simpanan]
ein Konto eröffnen	**membuka rekening**	[membuka rekeniŋ]
das Konto schließen	**menutup rekening**	[mənutup rekeniŋ]
einzahlen (vt)	**memasukkan ke rekening**	[memasuʔkan ke rekeniŋ]
abheben (vt)	**menarik uang**	[mənariʔ uaŋ]
Einzahlung (f)	**deposito**	[deposito]
eine Einzahlung machen	**melakukan setoran**	[melakukan setoran]
Überweisung (f)	**transfer kawat**	[transfer kawat]
überweisen (vt)	**mentransfer**	[məntransfer]
Summe (f)	**jumlah**	[ʤʲumlah]
Wieviel?	**Berapa?**	[bərapa?]
Unterschrift (f)	**tanda tangan**	[tanda taŋan]
unterschreiben (vt)	**menandatangani**	[mənandataŋani]
Kreditkarte (f)	**kartu kredit**	[kartu kredit]
Code (m)	**kode**	[kode]
Kreditkartennummer (f)	**nomor kartu kredit**	[nomor kartu kredit]
Geldautomat (m)	**Anjungan Tunai Mandiri, ATM**	[anʤʲuŋan tunaj mandiri], [a-te-em]
Scheck (m)	**cek**	[ʧeʔ]
einen Scheck schreiben	**menulis cek**	[mənulis ʧeʔ]
Scheckbuch (n)	**buku cek**	[buku ʧeʔ]
Darlehen (m)	**kredit, pinjaman**	[kredit], [pinʤʲaman]
ein Darlehen beantragen	**meminta kredit**	[meminta kredit]
ein Darlehen aufnehmen	**mendapatkan kredit**	[məndapatkan kredit]
ein Darlehen geben	**memberikan kredit**	[memberikan kredit]
Sicherheit (f)	**jaminan**	[ʤʲaminan]

98. Telefon. Telefongespräche

Telefon (n)	**telepon**	[telepon]
Mobiltelefon (n)	**ponsel**	[ponsel]
Anrufbeantworter (m)	**mesin penjawab panggilan**	[mesin pendʒʲawab paŋgilan]
anrufen (vt)	**menelepon**	[mənelepon]
Anruf (m)	**panggilan telepon**	[paŋgilan telepon]
eine Nummer wählen	**memutar nomor telepon**	[memutar nomor telepon]
Hallo!	**Halo!**	[halo!]
fragen (vt)	**bertanya**	[bərtanja]
antworten (vi)	**menjawab**	[məndʒʲawab]
hören (vt)	**mendengar**	[məndeŋar]
gut (~ aussehen)	**baik**	[bajˀ]
schlecht (Adv)	**buruk, jelek**	[buruk], [dʒʲeleˀ]
Störungen (pl)	**bising, gangguan**	[bisiŋ], [gaŋguan]
Hörer (m)	**gagang**	[gagaŋ]
den Hörer abnehmen	**mengangkat telepon**	[məŋaŋkat telepon]
auflegen (den Hörer ~)	**menutup telepon**	[mənutup telepon]
besetzt	**sibuk**	[sibuˀ]
läuten (vi)	**berdering**	[bərderiŋ]
Telefonbuch (n)	**buku telepon**	[buku telepon]
Orts-	**lokal**	[lokal]
Ortsgespräch (n)	**panggilan lokal**	[paŋgilan lokal]
Auslands-	**internasional**	[internasional]
Auslandsgespräch (n)	**panggilan internasional**	[paŋgilan internasional]
Fern-	**interlokal**	[interlokal]
Ferngespräch (n)	**panggilan interlokal**	[paŋgilan interlokal]

99. Mobiltelefon

Mobiltelefon (n)	**ponsel**	[ponsel]
Display (n)	**layar**	[lajar]
Knopf (m)	**kenop**	[kenop]
SIM-Karte (f)	**kartu SIM**	[kartu sim]
Batterie (f)	**baterai**	[bateraj]
leer sein (Batterie)	**mati**	[mati]
Ladegerät (n)	**pengisi baterai, pengecas**	[peŋisi bateraj], [peŋetʃas]
Menü (n)	**menu**	[menu]
Einstellungen (pl)	**penyetelan**	[penjetelan]
Melodie (f)	**nada panggil**	[nada paŋgil]
auswählen (vt)	**memilih**	[memilih]
Rechner (m)	**kalkulator**	[kalkulator]
Anrufbeantworter (m)	**penjawab telepon**	[pendʒʲawab telepon]
Wecker (m)	**weker**	[weker]

Kontakte (pl)	**buku telepon**	[buku telepon]
SMS-Nachricht (f)	**pesan singkat**	[pesan siŋkat]
Teilnehmer (m)	**pelanggan**	[pelaŋgan]

100. Bürobedarf

Kugelschreiber (m)	**bolpen**	[bolpen]
Federhalter (m)	**pena celup**	[pena ʧelup]
Bleistift (m)	**pensil**	[pensil]
Faserschreiber (m)	**spidol**	[spidol]
Filzstift (m)	**spidol**	[spidol]
Notizblock (m)	**buku catatan**	[buku ʧatatan]
Terminkalender (m)	**agenda**	[agenda]
Lineal (n)	**mistar, penggaris**	[mistar], [peŋgaris]
Rechner (m)	**kalkulator**	[kalkulator]
Radiergummi (m)	**karet penghapus**	[karet peŋhapus]
Reißzwecke (f)	**paku payung**	[paku pajuŋ]
Heftklammer (f)	**penjepit kertas**	[penʤʲepit kertas]
Klebstoff (m)	**lem**	[lem]
Hefter (m)	**stapler**	[stapler]
Locher (m)	**alat pelubang kertas**	[alat pelubaŋ kertas]
Bleistiftspitzer (m)	**rautan pensil**	[rautan pensil]

Arbeit. Geschäft. Teil 2

101. Massenmedien

Zeitung (f)	**koran**	[koran]
Zeitschrift (f)	**majalah**	[madʒʲalah]
Presse (f)	**pers**	[pers]
Rundfunk (m)	**radio**	[radio]
Rundfunkstation (f)	**stasiun radio**	[stasiun radio]
Fernsehen (n)	**televisi**	[televisi]
Moderator (m)	**pembawa acara**	[pembawa atʃara]
Sprecher (m)	**penyiar**	[penjiar]
Kommentator (m)	**komentator**	[komentator]
Journalist (m)	**wartawan**	[wartawan]
Korrespondent (m)	**koresponden**	[koresponden]
Bildberichterstatter (m)	**fotografer pers**	[fotografer pərs]
Reporter (m)	**reporter, pewarta**	[reporter], [pewarta]
Redakteur (m)	**editor, penyunting**	[editor], [penyuntiŋ]
Chefredakteur (m)	**editor kepala**	[editor kepala]
abonnieren (vt)	**berlangganan ...**	[bərlaŋganan ...]
Abonnement (n)	**langganan**	[laŋganan]
Abonnent (m)	**pelanggan**	[pelaŋgan]
lesen (vi, vt)	**membaca**	[membatʃa]
Leser (m)	**pembaca**	[pembatʃa]
Auflage (f)	**oplah**	[oplah]
monatlich (Adj)	**bulanan**	[bulanan]
wöchentlich (Adj)	**mingguan**	[miŋguan]
Ausgabe (Zeitschrift)	**edisi**	[edisi]
neueste (~ Ausgabe)	**baru**	[baru]
Titel (m)	**kepala berita**	[kepala bərita]
Notiz (f)	**artikel singkat**	[artikel siŋkat]
Rubrik (f)	**kolom**	[kolom]
Artikel (m)	**artikel**	[artikel]
Seite (f)	**halaman**	[halaman]
Reportage (f)	**reportase**	[reportase]
Ereignis (n)	**peristiwa, kejadian**	[pəristiwa], [kedʒʲadian]
Sensation (f)	**sensasi**	[sensasi]
Skandal (m)	**skandal**	[skandal]
skandalös	**penuh skandal**	[penuh skandal]
groß (-er Skandal)	**besar**	[besar]
Sendung (f)	**program**	[program]
Interview (n)	**wawancara**	[wawantʃara]

Live-Übertragung (f)	**siaran langsung**	[siaran laŋsuŋ]
Kanal (m)	**saluran**	[saluran]

102. Landwirtschaft

Landwirtschaft (f)	**pertanian**	[pərtanian]
Bauer (m)	**petani**	[petani]
Bäuerin (f)	**petani**	[petani]
Farmer (m)	**petani**	[petani]
Traktor (m)	**traktor**	[traktor]
Mähdrescher (m)	**mesin pemanen**	[mesin pemanen]
Pflug (m)	**bajak**	[baʤʲaˀ]
pflügen (vt)	**membajak, menenggala**	[membaʤʲak], [meneŋgala]
Acker (m)	**tanah garapan**	[tanah garapan]
Furche (f)	**alur**	[alur]
säen (vt)	**menanam**	[mənanam]
Sämaschine (f)	**mesin penanam**	[mesin penanam]
Saat (f)	**penanaman**	[penanaman]
Sense (f)	**sabit**	[sabit]
mähen (vt)	**menyabit**	[mənjabit]
Schaufel (f)	**sekop**	[sekop]
graben (vt)	**menggali**	[məŋgali]
Hacke (f)	**cangkul**	[ʧaŋkul]
jäten (vt)	**menyiangi**	[mənjiaŋi]
Unkraut (n)	**gulma**	[gulma]
Gießkanne (f)	**kaleng penyiram**	[kaleŋ penjiram]
gießen (vt)	**menyiram**	[mənjiram]
Bewässerung (f)	**penyiraman**	[penjiraman]
Heugabel (f)	**garpu ramput**	[garpu ramput]
Rechen (m)	**penggaruk**	[peŋgaruˀ]
Dünger (m)	**pupuk**	[pupuˀ]
düngen (vt)	**memupuk**	[memupuˀ]
Mist (m)	**pupuk kandang**	[pupuˀ kandaŋ]
Feld (n)	**ladang**	[ladaŋ]
Wiese (f)	**padang rumput**	[padaŋ rumput]
Gemüsegarten (m)	**kebun sayur**	[kebun sajur]
Obstgarten (m)	**kebun buah**	[kebun buah]
weiden (vt)	**menggembalakan**	[məŋgembalakan]
Hirt (m)	**penggembala**	[peŋgembala]
Weide (f)	**padang penggembalaan**	[padaŋ peŋgembalaˀan]
Viehzucht (f)	**peternakan**	[peternakan]
Schafzucht (f)	**peternakan domba**	[peternakan domba]

Plantage (f)	**perkebunan**	[pərkebunan]
Beet (n)	**bedeng**	[bedeŋ]
Treibhaus (n)	**rumah kaca**	[rumah katʃa]
Dürre (f)	**musim kering**	[musim keriŋ]
dürr, trocken	**kering**	[keriŋ]
Getreide (n)	**biji**	[bidʒi]
Getreidepflanzen (pl)	**serealia**	[serealia]
ernten (vt)	**memanen**	[memanen]
Müller (m)	**penggiling**	[peŋgiliŋ]
Mühle (f)	**kincir**	[kintʃir]
mahlen (vt)	**menggiling**	[məŋgiliŋ]
Mehl (n)	**tepung**	[tepuŋ]
Stroh (n)	**jerami**	[dʒʲerami]

103. Gebäude. Bauabwicklung

Baustelle (f)	**lokasi pembangunan**	[lokasi pembaŋunan]
bauen (vt)	**membangun**	[membaŋun]
Bauarbeiter (m)	**buruh bangunan**	[buruh baŋunan]
Projekt (n)	**proyek**	[proeˀ]
Architekt (m)	**arsitek**	[arsiteˀ]
Arbeiter (m)	**buruh, pekerja**	[buruh], [pekerdʒʲa]
Fundament (n)	**fondasi**	[fondasi]
Dach (n)	**atap**	[atap]
Pfahl (m)	**tiang fondasi**	[tiaŋ fondasi]
Wand (f)	**dinding**	[dindiŋ]
Bewehrungsstahl (m)	**kerangka besi**	[keraŋka besi]
Gerüst (n)	**perancah**	[pərantʃah]
Beton (m)	**beton**	[beton]
Granit (m)	**granit**	[granit]
Stein (m)	**batu**	[batu]
Ziegel (m)	**bata, batu bata**	[bata], [batu bata]
Sand (m)	**pasir**	[pasir]
Zement (m)	**semen**	[semen]
Putz (m)	**lepa, plester**	[lepa], [plester]
verputzen (vt)	**melepa**	[melepa]
Farbe (f)	**cat**	[tʃat]
färben (vt)	**mengecat**	[məŋetʃat]
Fass (n), Tonne (f)	**tong**	[toŋ]
Kran (m)	**derek**	[dereˀ]
aufheben (vt)	**menaikkan**	[mənajˀkan]
herunterlassen (vt)	**menurunkan**	[mənurunkan]
Planierraupe (f)	**buldoser**	[buldozer]
Bagger (m)	**ekskavator**	[ekskavator]

Baggerschaufel (f)	**sudu pengeruk**	[sudu peŋeruʔ]
graben (vt)	**menggali**	[məŋgali]
Schutzhelm (m)	**topi baja**	[topi badʒʲa]

Berufe und Tätigkeiten

104. Arbeitsuche. Kündigung

Arbeit (f), Stelle (f)	**kerja, pekerjaan**	[kerʤʲa], [pekerʤʲaˀan]
Belegschaft (f)	**staf, personalia**	[staf], [pərsonalia]
Personal (n)	**staf, personel**	[staf], [pərsonel]
Karriere (f)	**karier**	[karier]
Perspektive (f)	**perspektif**	[pərspektif]
Können (n)	**keterampilan**	[keterampilan]
Auswahl (f)	**pilihan**	[pilihan]
Personalagentur (f)	**biro tenaga kerja**	[biro tenaga kerʤʲa]
Lebenslauf (m)	**resume**	[resume]
Vorstellungsgespräch (n)	**wawancara kerja**	[wawanʧara kerʤʲa]
Vakanz (f)	**lowongan**	[lowoŋan]
Gehalt (n)	**gaji, upah**	[gaʤi], [upah]
festes Gehalt (n)	**gaji tetap**	[gaʤi tetap]
Arbeitslohn (m)	**bayaran**	[bajaran]
Stellung (f)	**jabatan**	[ʤʲabatan]
Pflicht (f)	**tugas**	[tugas]
Aufgabenspektrum (n)	**bidang tugas**	[bidaŋ tugas]
beschäftigt	**sibuk**	[sibuˀ]
kündigen (vt)	**memecat**	[memeʧat]
Kündigung (f)	**pemecatan**	[pemeʧatan]
Arbeitslosigkeit (f)	**pengangguran**	[peŋaŋguran]
Arbeitslose (m)	**pengganggur**	[peŋgaŋgur]
Rente (f), Ruhestand (m)	**pensiun**	[pensiun]
in Rente gehen	**pensiun**	[pensiun]

105. Geschäftsleute

Direktor (m)	**direktur**	[direktur]
Leiter (m)	**manajer**	[manaʤʲer]
Boss (m)	**bos, atasan**	[bos], [atasan]
Vorgesetzte (m)	**atasan**	[atasan]
Vorgesetzten (pl)	**atasan**	[atasan]
Präsident (m)	**presiden**	[presiden]
Vorsitzende (m)	**ketua, dirut**	[ketua], [dirut]
Stellvertreter (m)	**wakil**	[wakil]
Helfer (m)	**asisten**	[asisten]

Sekretär (m)	**sekretaris**	[sekretaris]
Privatsekretär (m)	**asisten pribadi**	[asisten pribadi]
Geschäftsmann (m)	**pengusaha, pebisnis**	[peŋusaha], [pebisnis]
Unternehmer (m)	**pengusaha**	[peŋusaha]
Gründer (m)	**pendiri**	[pendiri]
gründen (vt)	**mendirikan**	[məndirikan]
Gründungsmitglied (n)	**pendiri**	[pendiri]
Partner (m)	**mitra**	[mitra]
Aktionär (m)	**pemegang saham**	[pemegaŋ saham]
Millionär (m)	**jutawan**	[ʤʲutawan]
Milliardär (m)	**miliarder**	[miliarder]
Besitzer (m)	**pemilik**	[pemiliˀ]
Landbesitzer (m)	**tuan tanah**	[tuan tanah]
Kunde (m)	**klien**	[klien]
Stammkunde (m)	**klien tetap**	[klien tetap]
Käufer (m)	**pembeli**	[pembeli]
Besucher (m)	**tamu**	[tamu]
Fachmann (m)	**profesional**	[profesional]
Experte (m)	**pakar, ahli**	[pakar], [ahli]
Spezialist (m)	**spesialis, ahli**	[spesialis], [ahli]
Bankier (m)	**bankir**	[bankir]
Makler (m)	**broker, pialang**	[broker], [pialaŋ]
Kassierer (m)	**kasir**	[kasir]
Buchhalter (m)	**akuntan**	[akuntan]
Wächter (m)	**satpam, pengawal**	[satpam], [peŋawal]
Investor (m)	**investor**	[investor]
Schuldner (m)	**debitur**	[debitur]
Gläubiger (m)	**kreditor**	[kreditor]
Kreditnehmer (m)	**peminjam**	[pemindʒʲam]
Importeur (m)	**importir**	[importir]
Exporteur (m)	**eksportir**	[eksportir]
Hersteller (m)	**produsen**	[produsen]
Distributor (m)	**penyalur**	[penjalur]
Vermittler (m)	**perantara**	[pərantara]
Berater (m)	**konsultan**	[konsultan]
Vertreter (m)	**perwakilan penjualan**	[pərwakilan pendʒʲualan]
Agent (m)	**agen**	[agen]
Versicherungsagent (m)	**agen asuransi**	[agen asuransi]

106. Dienstleistungsberufe

Koch (m)	**koki, juru masak**	[koki], [ʤʲuru masaˀ]
Chefkoch (m)	**koki kepala**	[koki kepala]

Bäcker (m)	**pembuat roti**	[pembuat roti]
Barmixer (m)	**pelayan bar**	[pelajan bar]
Kellner (m)	**pelayan lelaki**	[pelajan lelaki]
Kellnerin (f)	**pelayan perempuan**	[pelajan pərempuan]
Rechtsanwalt (m)	**advokat, pengacara**	[advokat], [peŋatʃara]
Jurist (m)	**ahli hukum**	[ahli hukum]
Notar (m)	**notaris**	[notaris]
Elektriker (m)	**tukang listrik**	[tukaŋ listriˀ]
Klempner (m)	**tukang pipa**	[tukaŋ pipa]
Zimmermann (m)	**tukang kayu**	[tukaŋ kaju]
Masseur (m)	**tukang pijat lelaki**	[tukaŋ pidʒʲat lelaki]
Masseurin (f)	**tukang pijat perempuan**	[tukaŋ pidʒʲat pərempuan]
Arzt (m)	**dokter**	[dokter]
Taxifahrer (m)	**sopir taksi**	[sopir taksi]
Fahrer (m)	**sopir**	[sopir]
Ausfahrer (m)	**kurir**	[kurir]
Zimmermädchen (n)	**pelayan kamar**	[pelajan kamar]
Wächter (m)	**satpam, pengawal**	[satpam], [peŋawal]
Flugbegleiterin (f)	**pramugari**	[pramugari]
Lehrer (m)	**guru**	[guru]
Bibliothekar (m)	**pustakawan**	[pustakawan]
Übersetzer (m)	**penerjemah**	[penerdʒʲemah]
Dolmetscher (m)	**juru bahasa**	[dʒʲuru bahasa]
Fremdenführer (m)	**pemandu wisata**	[pemandu wisata]
Friseur (m)	**tukang cukur**	[tukaŋ tʃukur]
Briefträger (m)	**tukang pos**	[tukaŋ pos]
Verkäufer (m)	**pramuniaga**	[pramuniaga]
Gärtner (m)	**tukang kebun**	[tukaŋ kebun]
Diener (m)	**pramuwisma**	[pramuwisma]
Magd (f)	**pramuwisma**	[pramuwisma]
Putzfrau (f)	**pembersih ruangan**	[pembersih ruaŋan]

107. Militärdienst und Ränge

einfacher Soldat (m)	**prajurit**	[pradʒʲurit]
Feldwebel (m)	**sersan**	[sersan]
Leutnant (m)	**letnan**	[letnan]
Hauptmann (m)	**kapten**	[kapten]
Major (m)	**mayor**	[major]
Oberst (m)	**kolonel**	[kolonel]
General (m)	**jenderal**	[dʒʲenderal]
Marschall (m)	**marsekal**	[marsekal]
Admiral (m)	**laksamana**	[laksamana]
Militärperson (f)	**anggota militer**	[aŋgota militer]
Soldat (m)	**tentara, serdadu**	[tentara], [serdadu]

Offizier (m)	**perwira**	[pərwira]
Kommandeur (m)	**komandan**	[komandan]
Grenzsoldat (m)	**penjaga perbatasan**	[pendʒʲaga pərbatasan]
Funker (m)	**operator radio**	[operator radio]
Aufklärer (m)	**pengintai**	[peŋintaj]
Pionier (m)	**pencari ranjau**	[pentʃari randʒʲau]
Schütze (m)	**petembak**	[petembaˀ]
Steuermann (m)	**navigator, penavigasi**	[navigator], [penavigasi]

108. Beamte. Priester

König (m)	**raja**	[radʒʲa]
Königin (f)	**ratu**	[ratu]
Prinz (m)	**pangeran**	[paŋeran]
Prinzessin (f)	**putri**	[putri]
Zar (m)	**tsar, raja**	[tsar], [radʒʲa]
Zarin (f)	**tsarina, ratu**	[tsarina], [ratu]
Präsident (m)	**presiden**	[presiden]
Minister (m)	**Menteri Sekretaris**	[mənteri sekretaris]
Ministerpräsident (m)	**perdana menteri**	[pərdana menteri]
Senator (m)	**senator**	[senator]
Diplomat (m)	**diplomat**	[diplomat]
Konsul (m)	**konsul**	[konsul]
Botschafter (m)	**duta besar**	[duta besar]
Ratgeber (m)	**penasihat**	[penasihat]
Beamte (m)	**petugas**	[petugas]
Präfekt (m)	**prefek**	[prefeˀ]
Bürgermeister (m)	**walikota**	[walikota]
Richter (m)	**hakim**	[hakim]
Staatsanwalt (m)	**kejaksaan negeri**	[kedʒʲaksaˀan negeri]
Missionar (m)	**misionaris**	[misionaris]
Mönch (m)	**biarawan, rahib**	[biarawan], [rahib]
Abt (m)	**abbas**	[abbas]
Rabbiner (m)	**rabbi**	[rabbi]
Wesir (m)	**wazir**	[wazir]
Schah (n)	**syah**	[ʃah]
Scheich (m)	**syeikh**	[ʃejh]

109. Landwirtschaftliche Berufe

Bienenzüchter (m)	**peternak lebah**	[释peternaˀ lebah]
Hirt (m)	**penggembala**	[peŋgembala]
Agronom (m)	**agronom**	[agronom]

Viehzüchter (m)	**peternak**	[peterna']]
Tierarzt (m)	**dokter hewan**	[dokter hewan]
Farmer (m)	**petani**	[petani]
Winzer (m)	**pembuat anggur**	[pembuat aŋgur]
Zoologe (m)	**zoolog**	[zoolog]
Cowboy (m)	**koboi**	[koboi]

110. Künstler

Schauspieler (m)	**aktor**	[aktor]
Schauspielerin (f)	**aktris**	[aktris]
Sänger (m)	**biduan**	[biduan]
Sängerin (f)	**biduanita**	[biduanita]
Tänzer (m)	**penari lelaki**	[penari lelaki]
Tänzerin (f)	**penari perempuan**	[penari pərempuan]
Künstler (m)	**artis**	[artis]
Künstlerin (f)	**artis**	[artis]
Musiker (m)	**musisi, musikus**	[musisi], [musikus]
Pianist (m)	**pianis**	[pianis]
Gitarrist (m)	**pemain gitar**	[pemajn gitar]
Dirigent (m)	**konduktor**	[konduktor]
Komponist (m)	**komposer, komponis**	[komposer], [komponis]
Manager (m)	**impresario**	[impresario]
Regisseur (m)	**sutradara**	[sutradara]
Produzent (m)	**produser**	[produser]
Drehbuchautor (m)	**penulis skenario**	[penulis skenario]
Kritiker (m)	**kritikus**	[kritikus]
Schriftsteller (m)	**penulis**	[penulis]
Dichter (m)	**penyair**	[penjajr]
Bildhauer (m)	**pematung**	[pematuŋ]
Maler (m)	**perupa**	[pərupa]
Jongleur (m)	**juggler**	[dʒʲuggler]
Clown (m)	**badut**	[badut]
Akrobat (m)	**akrobat**	[akrobat]
Zauberkünstler (m)	**pesulap**	[pesulap]

111. Verschiedene Berufe

Arzt (m)	**dokter**	[dokter]
Krankenschwester (f)	**suster, juru rawat**	[suster], [dʒʲuru rawat]
Psychiater (m)	**psikiater**	[psikiater]
Zahnarzt (m)	**dokter gigi**	[dokter gigi]
Chirurg (m)	**dokter bedah**	[dokter bedah]

Astronaut (m)	**astronaut**	[astronaut]
Astronom (m)	**astronom**	[astronom]
Pilot (m)	**pilot**	[pilot]
Fahrer (Taxi-)	**sopir**	[sopir]
Lokomotivführer (m)	**masinis**	[masinis]
Mechaniker (m)	**mekanik**	[mekaniˀ]
Bergarbeiter (m)	**penambang**	[penambaŋ]
Arbeiter (m)	**buruh, pekerja**	[buruh], [pekerʤʲa]
Schlosser (m)	**tukang kikir**	[tukaŋ kikir]
Tischler (m)	**tukang kayu**	[tukaŋ kaju]
Dreher (m)	**tukang bubut**	[tukaŋ bubut]
Bauarbeiter (m)	**buruh bangunan**	[buruh baŋunan]
Schweißer (m)	**tukang las**	[tukaŋ las]
Professor (m)	**profesor**	[profesor]
Architekt (m)	**arsitek**	[arsiteˀ]
Historiker (m)	**sejarawan**	[sedʒʲarawan]
Wissenschaftler (m)	**ilmuwan**	[ilmuwan]
Physiker (m)	**fisikawan**	[fisikawan]
Chemiker (m)	**kimiawan**	[kimiawan]
Archäologe (m)	**arkeolog**	[arkeolog]
Geologe (m)	**geolog**	[geolog]
Forscher (m)	**periset, peneliti**	[pəriset], [peneliti]
Kinderfrau (f)	**pengasuh anak**	[peŋasuh anaˀ]
Lehrer (m)	**guru, pendidik**	[guru], [pendidiˀ]
Redakteur (m)	**editor, penyunting**	[editor], [penyuntiŋ]
Chefredakteur (m)	**editor kepala**	[editor kepala]
Korrespondent (m)	**koresponden**	[koresponden]
Schreibkraft (f)	**juru ketik**	[dʒʲuru ketiˀ]
Designer (m)	**desainer, perancang**	[desajner], [pərantʃaŋ]
Computerspezialist (m)	**ahli komputer**	[ahli komputer]
Programmierer (m)	**pemrogram**	[pemrogram]
Ingenieur (m)	**insinyur**	[insinyur]
Seemann (m)	**pelaut**	[pelaut]
Matrose (m)	**kelasi**	[kelasi]
Retter (m)	**penyelamat**	[penjelamat]
Feuerwehrmann (m)	**pemadam kebakaran**	[pemadam kebakaran]
Polizist (m)	**polisi**	[polisi]
Nachtwächter (m)	**penjaga**	[pendʒʲaga]
Detektiv (m)	**detektif**	[detektif]
Zollbeamter (m)	**petugas pabean**	[petugas pabean]
Leibwächter (m)	**pengawal pribadi**	[peŋawal pribadi]
Gefängniswärter (m)	**sipir, penjaga penjara**	[sipir], [pendʒʲaga pendʒʲara]
Inspektor (m)	**inspektur**	[inspektur]
Sportler (m)	**olahragawan**	[olahragawan]
Trainer (m)	**pelatih**	[pelatih]

Fleischer (m)	**tukang daging**	[tukaŋ dagiŋ]
Schuster (m)	**tukang sepatu**	[tukaŋ sepatu]
Geschäftsmann (m)	**pedagang**	[pedagaŋ]
Ladearbeiter (m)	**kuli**	[kuli]
Modedesigner (m)	**perancang busana**	[pərantʃaŋ busana]
Modell (n)	**peragawati**	[pəragawati]

112. Beschäftigung. Sozialstatus

Schüler (m)	**siswa**	[siswa]
Student (m)	**mahasiswa**	[mahasiswa]
Philosoph (m)	**filsuf**	[filsuf]
Ökonom (m)	**ahli ekonomi**	[ahli ekonomi]
Erfinder (m)	**penemu**	[penemu]
Arbeitslose (m)	**pengganggur**	[peŋgaŋgur]
Rentner (m)	**pensiunan**	[pensiunan]
Spion (m)	**mata-mata**	[mata-mata]
Gefangene (m)	**tahanan**	[tahanan]
Streikender (m)	**pemogok**	[pemogoˀ]
Bürokrat (m)	**birokrat**	[birokrat]
Reisende (m)	**pelancong**	[pelantʃoŋ]
Homosexuelle (m)	**homo, homoseksual**	[homo], [homoseksual]
Hacker (m)	**peretas**	[pəretas]
Hippie (m)	**hipi**	[hipi]
Bandit (m)	**bandit**	[bandit]
Killer (m)	**pembunuh bayaran**	[pembunuh bajaran]
Drogenabhängiger (m)	**pecandu narkoba**	[petʃandu narkoba]
Drogenhändler (m)	**pengedar narkoba**	[peŋedar narkoba]
Prostituierte (f)	**pelacur**	[pelatʃur]
Zuhälter (m)	**germo**	[germo]
Zauberer (m)	**penyihir lelaki**	[penjihir lelaki]
Zauberin (f)	**penyihir perempuan**	[penjihir pərempuan]
Seeräuber (m)	**bajak laut**	[badʒʲaˀ laut]
Sklave (m)	**budak**	[budaˀ]
Samurai (m)	**samurai**	[samuraj]
Wilde (m)	**orang primitif**	[oraŋ primitif]

Sport

113. Sportarten. Persönlichkeiten des Sports

Sportler (m)	**olahragawan**	[olahragawan]
Sportart (f)	**jenis olahraga**	[dʒʲenis olahraga]
Basketball (m)	**bola basket**	[bola basket]
Basketballspieler (m)	**pemain bola basket**	[pemajn bola basket]
Baseball (m, n)	**bisbol**	[bisbol]
Baseballspieler (m)	**pemain bisbol**	[pemajn bisbol]
Fußball (m)	**sepak bola**	[sepaˀ bola]
Fußballspieler (m)	**pemain sepak bola**	[pemajn sepaˀ bola]
Torwart (m)	**kiper, penjaga gawang**	[kiper], [pendʒʲaga gawaŋ]
Eishockey (n)	**hoki**	[hoki]
Eishockeyspieler (m)	**pemain hoki**	[pemajn hoki]
Volleyball (m)	**bola voli**	[bola voli]
Volleyballspieler (m)	**pemain bola voli**	[pemajn bola voli]
Boxen (n)	**tinju**	[tindʒʲu]
Boxer (m)	**petinju**	[petindʒʲu]
Ringen (n)	**gulat**	[gulat]
Ringkämpfer (m)	**pegulat**	[pegulat]
Karate (n)	**karate**	[karate]
Karatekämpfer (m)	**karateka**	[karateka]
Judo (n)	**judo**	[dʒʲudo]
Judoka (m)	**pejudo**	[pedʒʲudo]
Tennis (n)	**tenis**	[tenis]
Tennisspieler (m)	**petenis**	[petenis]
Schwimmen (n)	**berenang**	[bərenaŋ]
Schwimmer (m)	**perenang**	[pərenaŋ]
Fechten (n)	**anggar**	[aŋgar]
Fechter (m)	**pemain anggar**	[pemajn aŋgar]
Schach (n)	**catur**	[ʧatur]
Schachspieler (m)	**pecatur**	[peʧatur]
Bergsteigen (n)	**mendaki gunung**	[məndaki gunuŋ]
Bergsteiger (m)	**pendaki gunung**	[pendaki gunuŋ]
Lauf (m)	**lari**	[lari]

Läufer (m)	**pelari**	[pelari]
Leichtathletik (f)	**atletik**	[atleti[ʔ]]
Athlet (m)	**atlet**	[atlet]
Pferdesport (m)	**menunggang kuda**	[mənuŋgaŋ kuda]
Reiter (m)	**penunggang kuda**	[penuŋgaŋ kuda]
Eiskunstlauf (m)	**seluncur indah**	[seluntʃur indah]
Eiskunstläufer (m)	**peseluncur indah**	[peseluntʃur indah]
Eiskunstläuferin (f)	**peseluncur indah**	[peseluntʃur indah]
Gewichtheben (n)	**angkat berat**	[aŋkat bərat]
Gewichtheber (m)	**atlet angkat berat**	[atlet aŋkat bərat]
Autorennen (n)	**balapan mobil**	[balapan mobil]
Rennfahrer (m)	**pembalap mobil**	[pembalap mobil]
Radfahren (n)	**bersepeda**	[bərsepeda]
Radfahrer (m)	**atlet sepeda**	[atlet sepeda]
Weitsprung (m)	**lompat jauh**	[lompat dʒʲauh]
Stabhochsprung (m)	**lompat galah**	[lompat galah]
Springer (m)	**atlet lompat, pelompat**	[atlet lompat], [pelompat]

114. Sportarten. Verschiedenes

American Football (m)	**futbol**	[futbol]
Federballspiel (n)	**badminton, bulu tangkis**	[badminton], [bulu taŋkis]
Biathlon (n)	**biathlon**	[biatlon]
Billard (n)	**biliar**	[biliar]
Bob (m)	**bobsled**	[bobsled]
Bodybuilding (n)	**binaraga**	[binaraga]
Wasserballspiel (n)	**polo air**	[polo air]
Handball (m)	**bola tangan**	[bola taŋan]
Golf (n)	**golf**	[golf]
Rudern (n)	**mendayung**	[məndajuŋ]
Tauchen (n)	**selam skuba**	[selam skuba]
Skilanglauf (m)	**ski lintas alam**	[ski lintas alam]
Tischtennis (n)	**tenis meja**	[tenis medʒʲa]
Segelsport (m)	**berlayar**	[bərlajar]
Rallye (f, n)	**balap reli**	[balap reli]
Rugby (n)	**rugbi**	[rugbi]
Snowboard (n)	**seluncur salju**	[seluntʃur saldʒʲu]
Bogenschießen (n)	**memanah**	[memanah]

115. Fitnessstudio

Hantel (f)	**barbel**	[barbel]
Hanteln (pl)	**dumbel**	[dumbel]

Trainingsgerät (n)	**alat senam**	[alat senam]
Fahrradtrainer (m)	**sepeda statis**	[sepeda statis]
Laufband (n)	**treadmill**	[tredmil]
Reck (n)	**rekstok**	[reksto ˀ]
Barren (m)	**palang sejajar**	[palaŋ sedʒʲadʒʲar]
Sprungpferd (n)	**kuda-kuda**	[kuda-kuda]
Matte (f)	**matras**	[matras]
Sprungseil (n)	**lompat tali**	[lompat tali]
Aerobic (n)	**aerobik**	[aerobiˀ]
Yoga (m)	**yoga**	[yoga]

116. Sport. Verschiedenes

Olympische Spiele (pl)	**Olimpiade**	[olimpiade]
Sieger (m)	**pemenang**	[pemenaŋ]
siegen (vi)	**unggul**	[uŋgul]
gewinnen (Sieger sein)	**menang**	[menaŋ]
Tabellenführer (m)	**pemimpin**	[pemimpin]
führen (vi)	**memimpin**	[memimpin]
der erste Platz	**tempat pertama**	[tempat pərtama]
der zweite Platz	**tempat kedua**	[tempat kedua]
der dritte Platz	**tempat ketiga**	[tempat ketiga]
Medaille (f)	**medali**	[medali]
Trophäe (f)	**trofi**	[trofi]
Pokal (m)	**piala**	[piala]
Siegerpreis m (m)	**hadiah**	[hadiah]
Hauptpreis (m)	**hadiah utama**	[hadiah utama]
Rekord (m)	**rekor**	[rekor]
einen Rekord aufstellen	**menciptakan rekor**	[məntʃiptakan rekor]
Finale (n)	**final**	[final]
Final-	**final**	[final]
Meister (m)	**juara**	[dʒʲuara]
Meisterschaft (f)	**kejuaraan**	[kedʒʲuaraˀan]
Stadion (n)	**stadion**	[stadion]
Tribüne (f)	**tribun**	[tribun]
Fan (m)	**pendukung**	[pendukuŋ]
Gegner (m)	**lawan**	[lawan]
Start (m)	**start**	[start]
Ziel (n), Finish (n)	**finis**	[finis]
Niederlage (f)	**kekalahan**	[kekalahan]
verlieren (vt)	**kalah**	[kalah]
Schiedsrichter (m)	**wasit**	[wasit]
Jury (f)	**juri**	[dʒʲuri]

Ergebnis (n)	**skor**	[skor]
Unentschieden (n)	**seri, hasil imbang**	[seri], [hasil imbaŋ]
unentschieden spielen	**bermain seri**	[bərmajn seri]
Punkt (m)	**poin**	[poin]
Ergebnis (n)	**skor, hasil akhir**	[skor], [hasil ahir]
Spielabschnitt (m)	**babak**	[babaˀ]
Halbzeit (f), Pause (f)	**waktu istirahat**	[waktu istirahat]
Doping (n)	**doping**	[dopiŋ]
bestrafen (vt)	**menghukum**	[məŋhukum]
disqualifizieren (vt)	**mendiskualifikasi**	[məndiskualifikasi]
Sportgerät (n)	**alat olahraga**	[alat olahraga]
Speer (m)	**lembing**	[lembiŋ]
Kugel (im Kugelstoßen)	**peluru**	[peluru]
Kugel (f), Ball (m)	**bola**	[bola]
Ziel (n)	**sasaran**	[sasaran]
Zielscheibe (f)	**sasaran**	[sasaran]
schießen (vi)	**menembak**	[mənembaˀ]
genau (Adj)	**akurat**	[akurat]
Trainer (m)	**pelatih**	[pelatih]
trainieren (vt)	**melatih**	[melatih]
trainieren (vi)	**berlatih**	[bərlatih]
Training (n)	**latihan**	[latihan]
Turnhalle (f)	**gimnasium**	[gimnasium]
Übung (f)	**latihan**	[latihan]
Aufwärmen (n)	**pemanasan**	[pemanasan]

Ausbildung

117. Schule

Schule (f)	**sekolah**	[sekolah]
Schulleiter (m)	**kepala sekolah**	[kepala sekolah]
Schüler (m)	**murid laki-laki**	[murid laki-laki]
Schülerin (f)	**murid perempuan**	[murid pərempuan]
Schuljunge (m)	**siswa**	[siswa]
Schulmädchen (f)	**siswi**	[siswi]
lehren (vt)	**mengajar**	[məŋadʒʲar]
lernen (Englisch ~)	**belajar**	[beladʒʲar]
auswendig lernen	**menghafalkan**	[məŋhafalkan]
lernen (vi)	**belajar**	[beladʒʲar]
in der Schule sein	**bersekolah**	[bərsekolah]
die Schule besuchen	**ke sekolah**	[ke sekolah]
Alphabet (n)	**alfabet, abjad**	[alfabet], [abdʒʲad]
Fach (n)	**subjek, mata pelajaran**	[subdʒʲek], [mata peladʒʲaran]
Klassenraum (m)	**ruang kelas**	[ruaŋ kelas]
Stunde (f)	**pelajaran**	[peladʒʲaran]
Pause (f)	**waktu istirahat**	[waktu istirahat]
Schulglocke (f)	**lonceng**	[lontʃeŋ]
Schulbank (f)	**bangku sekolah**	[baŋku sekolah]
Tafel (f)	**papan tulis hitam**	[papan tulis hitam]
Note (f)	**nilai**	[nilaj]
gute Note (f)	**nilai baik**	[nilaj bajˀ]
schlechte Note (f)	**nilai jelek**	[nilaj dʒʲeleˀ]
eine Note geben	**memberikan nilai**	[memberikan nilaj]
Fehler (m)	**kesalahan**	[kesalahan]
Fehler machen	**melakukan kesalahan**	[melakukan kesalahan]
korrigieren (vt)	**mengoreksi**	[məŋoreksi]
Spickzettel (m)	**contekan**	[tʃontekan]
Hausaufgabe (f)	**pekerjaan rumah**	[pekerdʒʲaˀan rumah]
Übung (f)	**latihan**	[latihan]
anwesend sein	**hadir**	[hadir]
fehlen (in der Schule ~)	**absen, tidak hadir**	[absen], [tidaˀ hadir]
versäumen (Schule ~)	**absen dari sekolah**	[absen dari sekolah]
bestrafen (vt)	**menghukum**	[məŋhukum]
Strafe (f)	**hukuman**	[hukuman]
Benehmen (n)	**perilaku**	[pərilaku]

Zeugnis (n)	**rapor**	[rapor]
Bleistift (m)	**pensil**	[pensil]
Radiergummi (m)	**karet penghapus**	[karet peŋhapus]
Kreide (f)	**kapur**	[kapur]
Federkasten (m)	**kotak pensil**	[kotaˀ pensil]
Schulranzen (m)	**tas sekolah**	[tas sekolah]
Kugelschreiber, Stift (m)	**pen**	[pen]
Heft (n)	**buku tulis**	[buku tulis]
Lehrbuch (n)	**buku pelajaran**	[buku peladʒʲaran]
Zirkel (m)	**paser, jangka**	[paser], [dʒʲaŋka]
zeichnen (vt)	**menggambar**	[məŋgambar]
Zeichnung (f)	**gambar teknik**	[gambar tekniˀ]
Gedicht (n)	**puisi, sajak**	[puisi], [sadʒʲaˀ]
auswendig (Adv)	**hafal**	[hafal]
auswendig lernen	**menghafalkan**	[məŋhafalkan]
Ferien (pl)	**liburan sekolah**	[liburan sekolah]
in den Ferien sein	**berlibur**	[bərlibur]
Ferien verbringen	**menjalani liburan**	[məndʒʲalani liburan]
Test (m), Prüfung (f)	**tes, kuis**	[tes], [kuis]
Aufsatz (m)	**esai, karangan**	[esaj], [karaŋan]
Diktat (n)	**dikte**	[dikte]
Prüfung (f)	**ujian**	[udʒian]
Prüfungen ablegen	**menempuh ujian**	[mənempuh udʒian]
Experiment (n)	**eksperimen**	[eksperimen]

118. Hochschule. Universität

Akademie (f)	**akademi**	[akademi]
Universität (f)	**universitas**	[universitas]
Fakultät (f)	**fakultas**	[fakultas]
Student (m)	**mahasiswa**	[mahasiswa]
Studentin (f)	**mahasiswi**	[mahasiswi]
Lehrer (m)	**dosen**	[dosen]
Hörsaal (m)	**ruang kuliah**	[ruaŋ kuliah]
Hochschulabsolvent (m)	**lulusan**	[lulusan]
Diplom (n)	**ijazah**	[idʒʲazah]
Dissertation (f)	**disertasi**	[disertasi]
Forschung (f)	**penelitian**	[penelitian]
Labor (n)	**laboratorium**	[laboratorium]
Vorlesung (f)	**kuliah**	[kuliah]
Kommilitone (m)	**rekan sekuliah**	[rekan sekuliah]
Stipendium (n)	**beasiswa**	[beasiswa]
akademischer Grad (m)	**gelar akademik**	[gelar akademiˀ]

119. Naturwissenschaften. Fächer

Mathematik (f)	**matematika**	[matematika]
Algebra (f)	**aljabar**	[aldʒʲabar]
Geometrie (f)	**geometri**	[geometri]
Astronomie (f)	**astronomi**	[astronomi]
Biologie (f)	**biologi**	[biologi]
Erdkunde (f)	**geografi**	[geografi]
Geologie (f)	**geologi**	[geologi]
Geschichte (f)	**sejarah**	[sedʒʲarah]
Medizin (f)	**kedokteran**	[kedokteran]
Pädagogik (f)	**pedagogi**	[pedagogi]
Recht (n)	**hukum**	[hukum]
Physik (f)	**fisika**	[fisika]
Chemie (f)	**kimia**	[kimia]
Philosophie (f)	**filsafat**	[filsafat]
Psychologie (f)	**psikologi**	[psikologi]

120. Schrift Rechtschreibung

Grammatik (f)	**tatabahasa**	[tatabahasa]
Lexik (f)	**kosakata**	[kosakata]
Phonetik (f)	**fonetik**	[fonetiˀ]
Substantiv (n)	**nomina**	[nomina]
Adjektiv (n)	**adjektiva**	[adʒʲektiva]
Verb (n)	**verba**	[verba]
Adverb (n)	**adverbia**	[adverbia]
Pronomen (n)	**kata ganti**	[kata ganti]
Interjektion (f)	**kata seru**	[kata seru]
Präposition (f)	**preposisi, kata depan**	[preposisi], [kata depan]
Wurzel (f)	**kata dasar**	[kata dasar]
Endung (f)	**akhiran**	[ahiran]
Vorsilbe (f)	**prefiks, awalan**	[prefiks], [awalan]
Silbe (f)	**suku kata**	[suku kata]
Suffix (n), Nachsilbe (f)	**sufiks, akhiran**	[sufiks], [ahiran]
Betonung (f)	**tanda tekanan**	[tanda tekanan]
Apostroph (m)	**apostrofi**	[apostrofi]
Punkt (m)	**titik**	[titiˀ]
Komma (n)	**koma**	[koma]
Semikolon (n)	**titik koma**	[titiˀ koma]
Doppelpunkt (m)	**titik dua**	[titiˀ dua]
Auslassungspunkte (pl)	**elipsis, lesapan**	[elipsis], [lesapan]
Fragezeichen (n)	**tanda tanya**	[tanda tanja]
Ausrufezeichen (n)	**tanda seru**	[tanda seru]

Anführungszeichen (pl)	**tanda petik**	[tanda petiˀ]
in Anführungszeichen	**dalam tanda petik**	[dalam tanda petiˀ]
runde Klammern (pl)	**tanda kurung**	[tanda kuruŋ]
in Klammern	**dalam tanda kurung**	[dalam tanda kuruŋ]
Bindestrich (m)	**tanda pisah**	[tanda pisah]
Gedankenstrich (m)	**tanda hubung**	[tanda hubuŋ]
Leerzeichen (n)	**spasi**	[spasi]
Buchstabe (m)	**huruf**	[huruf]
Großbuchstabe (m)	**huruf kapital**	[huruf kapital]
Vokal (m)	**vokal**	[vokal]
Konsonant (m)	**konsonan**	[konsonan]
Satz (m)	**kalimat**	[kalimat]
Subjekt (n)	**subjek**	[subdʒʲeˀ]
Prädikat (n)	**predikat**	[predikat]
Zeile (f)	**baris**	[baris]
in einer neuen Zeile	**di baris baru**	[di baris baru]
Absatz (m)	**alinea, paragraf**	[alinea], [paragraf]
Wort (n)	**kata**	[kata]
Wortverbindung (f)	**rangkaian kata**	[raŋkajan kata]
Redensart (f)	**ungkapan**	[uŋkapan]
Synonym (n)	**sinonim**	[sinonim]
Antonym (n)	**antonim**	[antonim]
Regel (f)	**peraturan**	[pəraturan]
Ausnahme (f)	**perkecualian**	[pərketʃualian]
richtig (Adj)	**benar, betul**	[benar], [betul]
Konjugation (f)	**konjugasi**	[kondʒʲugasi]
Deklination (f)	**deklinasi**	[deklinasi]
Kasus (m)	**kasus nominal**	[kasus nominal]
Frage (f)	**pertanyaan**	[pərtanjaˀan]
unterstreichen (vt)	**menggaris bawahi**	[məŋgaris bawahi]
punktierte Linie (f)	**garis bertitik**	[garis bərtitiˀ]

121. Fremdsprachen

Sprache (f)	**bahasa**	[bahasa]
Fremd-	**asing**	[asiŋ]
Fremdsprache (f)	**bahasa asing**	[bahasa asiŋ]
studieren (z.B. Jura ~)	**mempelajari**	[mempeladʒʲari]
lernen (Englisch ~)	**belajar**	[beladʒʲar]
lesen (vi, vt)	**membaca**	[membatʃa]
sprechen (vi, vt)	**berbicara**	[bərbitʃara]
verstehen (vt)	**mengerti**	[məŋerti]
schreiben (vi, vt)	**menulis**	[mənulis]
schnell (Adv)	**cepat, fasih**	[tʃepat], [fasih]
langsam (Adv)	**perlahan-lahan**	[pərlahan-lahan]

fließend (Adv)	**fasih**	[fasih]
Regeln (pl)	**peraturan**	[pəraturan]
Grammatik (f)	**tatabahasa**	[tatabahasa]
Vokabular (n)	**kosakata**	[kosakata]
Phonetik (f)	**fonetik**	[fonetiˀ]
Lehrbuch (n)	**buku pelajaran**	[buku peladʒʲaran]
Wörterbuch (n)	**kamus**	[kamus]
Selbstlernbuch (n)	**buku autodidak**	[buku autodidaˀ]
Sprachführer (m)	**panduan percakapan**	[panduan pərʧakapan]
Kassette (f)	**kaset**	[kaset]
Videokassette (f)	**kaset video**	[kaset video]
CD (f)	**cakram kompak**	[ʧakram kompaˀ]
DVD (f)	**cakram DVD**	[ʧakram di-vi-di]
Alphabet (n)	**alfabet, abjad**	[alfabet], [abdʒʲad]
buchstabieren (vt)	**mengeja**	[məɲedʒʲa]
Aussprache (f)	**pelafalan**	[pelafalan]
Akzent (m)	**aksen**	[aksen]
mit Akzent	**dengan aksen**	[deŋan aksen]
ohne Akzent	**tanpa aksen**	[tanpa aksen]
Wort (n)	**kata**	[kata]
Bedeutung (f)	**arti**	[arti]
Kurse (pl)	**kursus**	[kursus]
sich einschreiben	**Mendaftar**	[məndaftar]
Lehrer (m)	**guru**	[guru]
Übertragung (f)	**penerjemahan**	[penerdʒʲemahan]
Übersetzung (f)	**terjemahan**	[tərdʒʲemahan]
Übersetzer (m)	**penerjemah**	[penerdʒʲemah]
Dolmetscher (m)	**juru bahasa**	[dʒʲuru bahasa]
Polyglott (m, f)	**poliglot**	[poliglot]
Gedächtnis (n)	**memori, daya ingat**	[memori], [daja iŋat]

122. Märchenfiguren

Weihnachtsmann (m)	**Sinterklas**	[sinterklas]
Aschenputtel (n)	**Cinderella**	[ʧinderella]
Nixe (f)	**putri duyung**	[putri duyuŋ]
Neptun (m)	**Neptunus**	[neptunus]
Zauberer (m)	**penyihir**	[penjihir]
Zauberin (f)	**peri**	[peri]
magisch, Zauber-	**sihir**	[sihir]
Zauberstab (m)	**tongkat sihir**	[toŋkat sihir]
Märchen (n)	**dongeng**	[doŋeŋ]
Wunder (n)	**keajaiban**	[keadʒʲajban]
Zwerg (m)	**kerdil, katai**	[kerdil], [kataj]

sich verwandeln in ...	**menjelma menjadi ...**	[məndʒʲelma məndʒʲadi ...]
Geist (m)	**hantu**	[hantu]
Gespenst (n)	**fantom**	[fantom]
Ungeheuer (n)	**monster**	[monster]
Drache (m)	**naga**	[naga]
Riese (m)	**raksasa**	[raksasa]

123. Sternzeichen

Widder (m)	**Aries**	[aries]
Stier (m)	**Taurus**	[taurus]
Zwillinge (pl)	**Gemini**	[dʒʲemini]
Krebs (m)	**Cancer**	[kanser]
Löwe (m)	**Leo**	[leo]
Jungfrau (f)	**Virgo**	[virgo]
Waage (f)	**Libra**	[libra]
Skorpion (m)	**Scorpio**	[skorpio]
Schütze (m)	**Sagitarius**	[sagitarius]
Steinbock (m)	**Capricorn**	[keprikon]
Wassermann (m)	**Aquarius**	[akuarius]
Fische (pl)	**Pisces**	[pistʃes]
Charakter (m)	**karakter**	[karakter]
Charakterzüge (pl)	**ciri karakter**	[tʃiri karakter]
Benehmen (n)	**tingkah laku**	[tiŋkah laku]
wahrsagen (vt)	**meramal**	[meramal]
Wahrsagerin (f)	**peramal**	[pəramal]
Horoskop (n)	**horoskop**	[horoskop]

Kunst

124. Theater

Theater (n)	**teater**	[teater]
Oper (f)	**opera**	[opera]
Operette (f)	**opereta**	[opereta]
Ballett (n)	**balet**	[balet]
Theaterplakat (n)	**poster**	[poster]
Truppe (f)	**rombongan teater**	[romboŋan teater]
Tournee (f)	**tur, pertunjukan keliling**	[tur], [pərtundʒʲukan keliliŋ]
auf Tournee sein	**mengadakan tur**	[məŋadakan tur]
proben (vt)	**berlatih**	[bərlatih]
Probe (f)	**geladi**	[geladi]
Spielplan (m)	**repertoar**	[repertoar]
Aufführung (f)	**pertunjukan**	[pərtundʒʲukan]
Vorstellung (f)	**pergelaran**	[pərgelaran]
Theaterstück (n)	**lakon**	[lakon]
Karte (f)	**tiket**	[tiket]
Theaterkasse (f)	**loket tiket**	[loket tiket]
Halle (f)	**lobi, ruang depan**	[lobi], [ruaŋ depan]
Garderobe (f)	**tempat penitipan jas**	[tempat penitipan dʒʲas]
Garderobennummer (f)	**nomor penitipan jas**	[nomor penitipan dʒʲas]
Opernglas (n)	**binokular**	[binokular]
Platzanweiser (m)	**petugas penyobek tiket**	[petugas penjobeˀ tiket]
Parkett (n)	**kursi orkestra**	[kursi orkestra]
Balkon (m)	**balkon**	[balkon]
der erste Rang	**tingkat pertama**	[tiŋkat pərtama]
Loge (f)	**boks**	[boks]
Reihe (f)	**barisan**	[barisan]
Platz (m)	**tempat duduk**	[tempat duduˀ]
Publikum (n)	**khalayak**	[halajaˀ]
Zuschauer (m)	**penonton**	[penonton]
klatschen (vi)	**bertepuk tangan**	[bərtepuˀ taŋan]
Applaus (m)	**aplaus, tepuk tangan**	[aplaus], [tepuˀ taŋan]
Ovation (f)	**ovasi, tepuk tangan**	[ovasi], [tepuˀ taŋan]
Bühne (f)	**panggung**	[paŋguŋ]
Vorhang (m)	**tirai**	[tiraj]
Dekoration (f)	**tata panggung**	[tata paŋguŋ]
Kulissen (pl)	**belakang panggung**	[belakaŋ paŋguŋ]
Szene (f)	**adegan**	[adegan]
Akt (m)	**babak**	[babaˀ]
Pause (f)	**waktu istirahat**	[waktu istirahat]

125. Kino

Schauspieler (m)	**aktor**	[aktor]
Schauspielerin (f)	**aktris**	[aktris]
Kino (n)	**sinematografi, perfilman**	[sinematografi], [pərfilman]
Film (m)	**film**	[film]
Folge (f)	**episode, seri**	[episode], [seri]
Krimi (m)	**detektif**	[detektif]
Actionfilm (m)	**film laga**	[film laga]
Abenteuerfilm (m)	**film petualangan**	[film petualaŋan]
Science-Fiction-Film (m)	**film fiksi ilmiah**	[film fiksi ilmiah]
Horrorfilm (m)	**film horor**	[film horor]
Komödie (f)	**film komedi**	[film komedi]
Melodrama (n)	**melodrama**	[melodrama]
Drama (n)	**drama**	[drama]
Spielfilm (m)	**film fiksi**	[film fiksi]
Dokumentarfilm (m)	**film dokumenter**	[film dokumenter]
Zeichentrickfilm (m)	**kartun**	[kartun]
Stummfilm (m)	**film bisu**	[film bisu]
Rolle (f)	**peran**	[peran]
Hauptrolle (f)	**peran utama**	[peran utama]
spielen (Schauspieler)	**berperan**	[bərperan]
Filmstar (m)	**bintang film**	[bintaŋ film]
bekannt	**terkenal**	[tərkenal]
berühmt	**terkenal**	[tərkenal]
populär	**populer, terkenal**	[populer], [tərkenal]
Drehbuch (n)	**skenario**	[skenario]
Drehbuchautor (m)	**penulis skenario**	[penulis skenario]
Regisseur (m)	**sutradara**	[sutradara]
Produzent (m)	**produser**	[produser]
Assistent (m)	**asisten**	[asisten]
Kameramann (m)	**kamerawan**	[kamerawan]
Stuntman (m)	**pemeran pengganti**	[pemeran peŋganti]
Double (n)	**pengganti**	[peŋganti]
einen Film drehen	**merekam film**	[merekam film]
Probe (f)	**audisi**	[audisi]
Dreharbeiten (pl)	**syuting, pengambilan gambar**	[ʃyutiŋ], [peŋambilan gambar]
Filmteam (n)	**rombongan film**	[romboŋan film]
Filmset (m)	**set film**	[set film]
Filmkamera (f)	**kamera**	[kamera]
Kino (n)	**bioskop**	[bioskop]
Leinwand (f)	**layar**	[lajar]
einen Film zeigen	**menayangkan film**	[mənajaŋkan film]
Tonspur (f)	**soundtrack, trek suara**	[saundtrek], [treʔ suara]
Spezialeffekte (pl)	**efek khusus**	[efeʔ husus]

Untertitel (pl)	**subjudul, teks film**	[subdʒʲudul], [teks film]
Abspann (m)	**ucapan terima kasih**	[utʃapan tərima kasih]
Übersetzung (f)	**terjemahan**	[tərdʒʲemahan]

126. Gemälde

Kunst (f)	**seni**	[seni]
schönen Künste (pl)	**seni rupa**	[seni rupa]
Kunstgalerie (f)	**galeri seni**	[galeri seni]
Kunstausstellung (f)	**pameran seni**	[pameran seni]
Malerei (f)	**seni lukis**	[seni lukis]
Graphik (f)	**seni grafis**	[seni grafis]
abstrakte Kunst (f)	**seni abstrak**	[seni abstraˀ]
Impressionismus (m)	**impresionisme**	[impresionisme]
Bild (n)	**lukisan**	[lukisan]
Zeichnung (Kohle- usw.)	**gambar**	[gambar]
Plakat (n)	**poster**	[poster]
Illustration (f)	**ilustrasi**	[ilustrasi]
Miniatur (f)	**miniatur**	[miniatur]
Kopie (f)	**salinan**	[salinan]
Reproduktion (f)	**reproduksi**	[reproduksi]
Mosaik (n)	**mozaik**	[mozajˀ]
Glasmalerei (f)	**kaca berwarna**	[katʃa bərwarna]
Fresko (n)	**fresko**	[fresko]
Gravüre (f)	**gravir**	[gravir]
Büste (f)	**patung sedada**	[patuŋ sedada]
Skulptur (f)	**seni patung**	[seni patuŋ]
Statue (f)	**patung**	[patuŋ]
Gips (m)	**gips**	[gips]
aus Gips	**dari gips**	[dari gips]
Porträt (n)	**potret**	[potret]
Selbstporträt (n)	**potret diri**	[potret diri]
Landschaftsbild (n)	**lukisan lanskap**	[lukisan lanskap]
Stillleben (n)	**alam benda**	[alam benda]
Karikatur (f)	**karikatur**	[karikatur]
Entwurf (m)	**sketsa**	[sketsa]
Farbe (f)	**cat**	[tʃat]
Aquarellfarbe (f)	**cat air**	[tʃat air]
Öl (n)	**cat minyak**	[tʃat minjaˀ]
Bleistift (m)	**pensil**	[pensil]
Tusche (f)	**tinta gambar**	[tinta gambar]
Kohle (f)	**arang**	[araŋ]
zeichnen (vt)	**menggambar**	[məŋgambar]
malen (vi, vt)	**melukis**	[melukis]
Modell stehen	**berpose**	[bərpose]
Modell (Mask.)	**model lelaki**	[model lelaki]

Modell (Fem.)	**model perempuan**	[model pərempuan]
Maler (m)	**perupa**	[pərupa]
Kunstwerk (n)	**karya seni**	[karja seni]
Meisterwerk (n)	**adikarya, mahakarya**	[adikarja], [mahakarja]
Atelier (n), Werkstatt (f)	**studio seni**	[studio seni]
Leinwand (f)	**kanvas**	[kanvas]
Staffelei (f)	**esel, kuda-kuda**	[esel], [kuda-kuda]
Palette (f)	**palet**	[palet]
Rahmen (m)	**bingkai**	[biŋkaj]
Restauration (f)	**pemugaran**	[pemugaran]
restaurieren (vt)	**memugar**	[memugar]

127. Literatur und Dichtkunst

Literatur (f)	**sastra, kesusastraan**	[sastra], [kesusastraˀan]
Autor (m)	**pengarang**	[peŋaraŋ]
Pseudonym (n)	**pseudonim, nama samaran**	[pseudonim], [nama samaran]
Buch (n)	**buku**	[buku]
Band (m)	**jilid**	[ʤilid]
Inhaltsverzeichnis (n)	**daftar isi**	[daftar isi]
Seite (f)	**halaman**	[halaman]
Hauptperson (f)	**karakter utama**	[karakter utama]
Autogramm (n)	**tanda tangan**	[tanda taŋan]
Kurzgeschichte (f)	**cerpen**	[ʧerpen]
Erzählung (f)	**novel, cerita**	[novel], [ʧerita]
Roman (m)	**novel**	[novel]
Werk (Buch usw.)	**karya**	[karja]
Fabel (f)	**fabel**	[fabel]
Krimi (m)	**novel detektif**	[novel detektif]
Gedicht (n)	**puisi, sajak**	[puisi], [saʤʲaˀ]
Dichtung (f), Poesie (f)	**puisi**	[puisi]
Gedicht (n)	**puisi**	[puisi]
Dichter (m)	**penyair**	[penjajr]
schöne Literatur (f)	**fiksi**	[fiksi]
Science-Fiction (f)	**fiksi ilmiah**	[fiksi ilmiah]
Abenteuer (n)	**petualangan**	[petualaŋan]
Schülerliteratur (pl)	**literatur pendidikan**	[literatur pendidikan]
Kinderliteratur (f)	**sastra kanak-kanak**	[sastra kanaˀ-kanaˀ]

128. Zirkus

Zirkus (m)	**sirkus**	[sirkus]
Wanderzirkus (m)	**sirkus keliling**	[sirkus keliliŋ]
Programm (n)	**program**	[program]
Vorstellung (f)	**pertunjukan**	[pərtunʤʲukan]

Nummer (f)	**aksi**	[aksi]
Manege (f)	**arena**	[arena]
Pantomime (f)	**pantomim**	[pantomim]
Clown (m)	**badut**	[badut]
Akrobat (m)	**pemain akrobat**	[pemajn akrobat]
Akrobatik (f)	**akrobatik**	[akrobatiˀ]
Turner (m)	**pesenam**	[pesenam]
Turnen (n)	**senam**	[senam]
Salto (m)	**salto**	[salto]
Kraftmensch (m)	**orang kuat**	[oraŋ kuat]
Bändiger, Dompteur (m)	**penjinak hewan**	[penʤinaˀ hewan]
Reiter (m)	**penunggang kuda**	[penuŋgaŋ kuda]
Assistent (m)	**asisten**	[asisten]
Trick (m)	**stunt**	[stun]
Zaubertrick (m)	**trik sulap**	[triˀ sulap]
Zauberkünstler (m)	**pesulap**	[pesulap]
Jongleur (m)	**juggler**	[ʤʲuggler]
jonglieren (vi)	**bermain juggling**	[bərmajn ʤʲuggliŋ]
Dresseur (m)	**pelatih binatang**	[pelatih binataŋ]
Dressur (f)	**pelatihan binatang**	[pelatihan binataŋ]
dressieren (vt)	**melatih**	[melatih]

129. Musik. Popmusik

Musik (f)	**musik**	[musiˀ]
Musiker (m)	**musisi, musikus**	[musisi], [musikus]
Musikinstrument (n)	**alat musik**	[alat musiˀ]
spielen (auf der Gitarre ~)	**bermain ...**	[bərmajn ...]
Gitarre (f)	**gitar**	[gitar]
Geige (f)	**biola**	[biola]
Cello (n)	**selo**	[selo]
Kontrabass (m)	**kontrabas**	[kontrabas]
Harfe (f)	**harpa**	[harpa]
Klavier (n)	**piano**	[piano]
Flügel (m)	**grand piano**	[grand piano]
Orgel (f)	**organ**	[organ]
Blasinstrumente (pl)	**alat musik tiup**	[alat musiˀ tiup]
Oboe (f)	**obo**	[obo]
Saxophon (n)	**saksofon**	[saksofon]
Klarinette (f)	**klarinet**	[klarinet]
Flöte (f)	**suling**	[suliŋ]
Trompete (f)	**trompet**	[trompet]
Akkordeon (n)	**akordeon**	[akordeon]
Trommel (f)	**drum**	[drum]
Duo (n)	**duo, duet**	[duo], [duet]

Trio (n)	**trio**	[trio]
Quartett (n)	**kuartet**	[kuartet]
Chor (m)	**kor**	[kor]
Orchester (n)	**orkestra**	[orkestra]
Popmusik (f)	**musik pop**	[musiˀ pop]
Rockmusik (f)	**musik rok**	[musiˀ roˀ]
Rockgruppe (f)	**grup musik rok**	[grup musiˀ roˀ]
Jazz (m)	**jaz**	[dʒʲaz]
Idol (n)	**idola**	[idola]
Verehrer (m)	**pengagum**	[peŋagum]
Konzert (n)	**konser**	[konser]
Sinfonie (f)	**simfoni**	[simfoni]
Komposition (f)	**komposisi**	[komposisi]
komponieren (vt)	**menggubah, mencipta**	[məŋgubah], [məntʃipta]
Gesang (m)	**nyanyian**	[njanjian]
Lied (n)	**lagu**	[lagu]
Melodie (f)	**nada, melodi**	[nada], [melodi]
Rhythmus (m)	**irama**	[irama]
Blues (m)	**musik blues**	[musiˀ blus]
Noten (pl)	**notasi musik**	[notasi musiˀ]
Taktstock (m)	**tongkat dirigen**	[toŋkat dirigen]
Bogen (m)	**penggesek**	[peŋgeseˀ]
Saite (f)	**tali, senar**	[tali], [senar]
Koffer (Violinen-)	**wadah**	[wadah]

Erholung. Unterhaltung. Reisen

130. Ausflug. Reisen

Tourismus (m)	**pariwisata**	[pariwisata]
Tourist (m)	**turis, wisatawan**	[turis], [wisatawan]
Reise (f)	**pengembaraan**	[peŋembaraʔan]
Abenteuer (n)	**petualangan**	[petualaŋan]
Fahrt (f)	**perjalanan, lawatan**	[pərdʒʲalanan], [lawatan]
Urlaub (m)	**liburan**	[liburan]
auf Urlaub sein	**berlibur**	[bərlibur]
Erholung (f)	**istirahat**	[istirahat]
Zug (m)	**kereta api**	[kereta api]
mit dem Zug	**naik kereta api**	[naiʔ kereta api]
Flugzeug (n)	**pesawat terbang**	[pesawat tərbaŋ]
mit dem Flugzeug	**naik pesawat terbang**	[naiʔ pesawat tərbaŋ]
mit dem Auto	**naik mobil**	[naiʔ mobil]
mit dem Schiff	**naik kapal**	[naiʔ kapal]
Gepäck (n)	**bagasi**	[bagasi]
Koffer (m)	**koper**	[koper]
Gepäckwagen (m)	**troli bagasi**	[troli bagasi]
Pass (m)	**paspor**	[paspor]
Visum (n)	**visa**	[visa]
Fahrkarte (f)	**tiket**	[tiket]
Flugticket (n)	**tiket pesawat terbang**	[tiket pesawat tərbaŋ]
Reiseführer (m)	**buku pedoman**	[buku pedoman]
Landkarte (f)	**peta**	[peta]
Gegend (f)	**kawasan**	[kawasan]
Ort (wunderbarer ~)	**tempat**	[tempat]
Exotika (pl)	**keeksotisan**	[keeksotisan]
exotisch	**eksotis**	[eksotis]
erstaunlich (Adj)	**menakjubkan**	[mənakdʒʲubkan]
Gruppe (f)	**kelompok**	[kelompoʔ]
Ausflug (m)	**ekskursi**	[ekskursi]
Reiseleiter (m)	**pemandu wisata**	[pemandu wisata]

131. Hotel

Hotel (n), Gasthaus (n)	**hotel**	[hotel]
Motel (n)	**motel**	[motel]
drei Sterne	**bintang tiga**	[bintaŋ tiga]

fünf Sterne	**bintang lima**	[bintaŋ lima]
absteigen (vi)	**menginap**	[məŋinap]
Hotelzimmer (n)	**kamar**	[kamar]
Einzelzimmer (n)	**kamar tunggal**	[kamar tuŋgal]
Zweibettzimmer (n)	**kamar ganda**	[kamar ganda]
reservieren (vt)	**memesan kamar**	[memesan kamar]
Halbpension (f)	**sewa setengah**	[sewa seteŋah]
Vollpension (f)	**sewa penuh**	[sewa penuh]
mit Bad	**dengan kamar mandi**	[deŋan kamar mandi]
mit Dusche	**dengan pancuran**	[deŋan pantʃuran]
Satellitenfernsehen (n)	**televisi satelit**	[televisi satelit]
Klimaanlage (f)	**penyejuk udara**	[penjedʒʲuˀ udara]
Handtuch (n)	**handuk**	[handuˀ]
Schlüssel (m)	**kunci**	[kuntʃi]
Verwalter (m)	**administrator**	[administrator]
Zimmermädchen (n)	**pelayan kamar**	[pelajan kamar]
Träger (m)	**porter**	[porter]
Portier (m)	**pramupintu**	[pramupintu]
Restaurant (n)	**restoran**	[restoran]
Bar (f)	**bar**	[bar]
Frühstück (n)	**makan pagi, sarapan**	[makan pagi], [sarapan]
Abendessen (n)	**makan malam**	[makan malam]
Buffet (n)	**prasmanan**	[prasmanan]
Foyer (n)	**lobi**	[lobi]
Aufzug (m), Fahrstuhl (m)	**elevator**	[elevator]
BITTE NICHT STÖREN!	**JANGAN MENGGANGGU**	[dʒʲaŋan məŋgaŋgu]
RAUCHEN VERBOTEN!	**DILARANG MEROKOK!**	[dilaraŋ merokoˀ!]

132. Bücher. Lesen

Buch (n)	**buku**	[buku]
Autor (m)	**pengarang**	[peŋaraŋ]
Schriftsteller (m)	**penulis**	[penulis]
verfassen (vt)	**menulis**	[mənulis]
Leser (m)	**pembaca**	[pembatʃa]
lesen (vi, vt)	**membaca**	[membatʃa]
Lesen (n)	**membaca**	[membatʃa]
still (~ lesen)	**dalam hati**	[dalam hati]
laut (Adv)	**dengan keras**	[deŋan keras]
verlegen (vt)	**menerbitkan**	[mənerbitkan]
Ausgabe (f)	**penerbitan**	[penerbitan]
Herausgeber (m)	**penerbit**	[penerbit]
Verlag (m)	**penerbit**	[penerbit]
erscheinen (Buch)	**terbit**	[terbit]

Erscheinen (n)	**penerbitan**	[penerbitan]
Auflage (f)	**oplah**	[oplah]
Buchhandlung (f)	**toko buku**	[toko buku]
Bibliothek (f)	**perpustakaan**	[pərpustakaˀan]
Erzählung (f)	**novel, cerita**	[novel], [ʧerita]
Kurzgeschichte (f)	**cerpen**	[ʧerpen]
Roman (m)	**novel**	[novel]
Krimi (m)	**novel detektif**	[novel detektif]
Memoiren (pl)	**memoir**	[memoir]
Legende (f)	**legenda**	[legenda]
Mythos (m)	**mitos**	[mitos]
Gedichte (pl)	**puisi**	[puisi]
Autobiographie (f)	**autobiografi**	[autobiografi]
ausgewählte Werke (pl)	**karya pilihan**	[karja pilihan]
Science-Fiction (f)	**fiksi ilmiah**	[fiksi ilmiah]
Titel (m)	**judul**	[ʤʲudul]
Einleitung (f)	**pendahuluan**	[pendahuluan]
Titelseite (f)	**halaman judul**	[halaman ʤʲudul]
Kapitel (n)	**bab**	[bab]
Auszug (m)	**kutipan**	[kutipan]
Episode (f)	**episode**	[episode]
Sujet (n)	**alur cerita**	[alur ʧerita]
Inhalt (m)	**daftar isi**	[daftar isi]
Inhaltsverzeichnis (n)	**daftar isi**	[daftar isi]
Hauptperson (f)	**karakter utama**	[karakter utama]
Band (m)	**jilid**	[ʤilid]
Buchdecke (f)	**sampul**	[sampul]
Einband (m)	**penjilidan**	[penʤilidan]
Lesezeichen (n)	**pembatas buku**	[pembatas buku]
Seite (f)	**halaman**	[halaman]
blättern (vi)	**membolak-balik**	[membolaˀ-baliˀ]
Ränder (pl)	**margin**	[margin]
Notiz (f)	**anotasi, catatan**	[anotasi], [ʧatatan]
Anmerkung (f)	**catatan kaki**	[ʧatatan kaki]
Text (m)	**teks**	[teks]
Schrift (f)	**huruf**	[huruf]
Druckfehler (m)	**salah cetak**	[salah ʧetaˀ]
Übersetzung (f)	**terjemahan**	[tərʤʲemahan]
übersetzen (vt)	**menerjemahkan**	[mənerʤʲemahkan]
Original (n)	**orisinal**	[orisinal]
berühmt	**terkenal**	[tərkenal]
unbekannt	**tidak dikenali**	[tidaˀ dikenali]
interessant	**menarik**	[mənariˀ]
Bestseller (m)	**buku laris**	[buku laris]

Wörterbuch (n)	**kamus**	[kamus]
Lehrbuch (n)	**buku pelajaran**	[buku peladʒʲaran]
Enzyklopädie (f)	**ensiklopedi**	[ensiklopedi]

133. Jagen. Fischen

Jagd (f)	**perburuan**	[pərburuan]
jagen (vi)	**berburu**	[bərburu]
Jäger (m)	**pemburu**	[pemburu]
schießen (vi)	**menembak**	[mənembaˀ]
Gewehr (n)	**senapan**	[senapan]
Patrone (f)	**peluru, patrun**	[peluru], [patrun]
Schrot (n)	**peluru gotri**	[peluru gotri]
Falle (f)	**perangkap**	[pəraŋkap]
Schlinge (f)	**perangkap**	[pəraŋkap]
in die Falle gehen	**terperangkap**	[tərperaŋkap]
eine Falle stellen	**memasang perangkap**	[memasaŋ pəraŋkap]
Wilddieb (m)	**pemburu ilegal**	[pemburu ilegal]
Wild (n)	**binatang buruan**	[binataŋ buruan]
Jagdhund (m)	**anjing pemburu**	[andʒiŋ pemburu]
Safari (f)	**safari**	[safari]
ausgestopftes Tier (n)	**patung binatang**	[patuŋ binataŋ]
Fischer (m)	**nelayan, pemancing**	[nelajan], [pemantʃiŋ]
Fischen (n)	**memancing**	[memantʃiŋ]
angeln, fischen (vt)	**memancing**	[memantʃiŋ]
Angel (f)	**joran**	[dʒoran]
Angelschnur (f)	**tali pancing**	[tali pantʃiŋ]
Haken (m)	**kail**	[kail]
Schwimmer (m)	**pelampung**	[pelampuŋ]
Köder (m)	**umpan**	[umpan]
die Angel auswerfen	**melempar pancing**	[melempar pantʃiŋ]
anbeißen (vi)	**memakan umpan**	[memakan umpan]
Fang (m)	**tangkapan**	[taŋkapan]
Eisloch (n)	**lubang es**	[lubaŋ es]
Netz (n)	**jala**	[dʒʲala]
Boot (n)	**perahu**	[pərahu]
mit dem Netz fangen	**menjala**	[məndʒʲala]
das Netz hineinwerfen	**menabur jala**	[mənabur dʒʲala]
das Netz einholen	**menarik jala**	[mənariˀ dʒʲala]
ins Netz gehen	**tertangkap dalam jala**	[tərtaŋkap dalam dʒʲala]
Walfänger (m)	**pemburu paus**	[pemburu paus]
Walfangschiff (n)	**kapal pemburu paus**	[kapal pemburu paus]
Harpune (f)	**tempuling**	[tempuliŋ]

134. Spiele. Billard

Billard (n)	**biliar**	[biliar]
Billardzimmer (n)	**kamar biliar**	[kamar biliar]
Billardkugel (f)	**bola**	[bola]
eine Kugel einlochen	**memasukkan bola**	[memasuˀkan bola]
Queue (n)	**stik**	[stiˀ]
Tasche (f), Loch (n)	**lubang meja biliar**	[lubaŋ medʒʲa biliar]

135. Spiele. Kartenspiele

Karo (n)	**wajik**	[wadʒiˀ]
Pik (n)	**sekop**	[sekop]
Herz (n)	**hati**	[hati]
Kreuz (n)	**keriting**	[keritiŋ]
As (n)	**as**	[as]
König (m)	**raja**	[radʒʲa]
Dame (f)	**ratu**	[ratu]
Bube (m)	**jack**	[dʒʲeˀ]
Spielkarte (f)	**kartu permainan**	[kartu pərmajnan]
Karten (pl)	**kartu**	[kartu]
Trumpf (m)	**truf**	[truf]
Kartenspiel (abgenutztes ~)	**pak kartu**	[paˀ kartu]
Punkt (m)	**poin**	[poin]
ausgeben (vt)	**membagikan**	[membagikan]
mischen (vt)	**mengocok**	[məŋotʃoˀ]
Zug (m)	**giliran**	[giliran]
Falschspieler (m)	**pemain kartu curang**	[pemajn kartu tʃuraŋ]

136. Erholung. Spiele. Verschiedenes

spazieren gehen (vi)	**berjalan-jalan**	[bərdʒʲalan-dʒʲalan]
Spaziergang (m)	**jalan-jalan**	[dʒʲalan-dʒʲalan]
Fahrt (im Wagen)	**perjalanan**	[pərdʒʲalanan]
Abenteuer (n)	**petualangan**	[petualaŋan]
Picknick (n)	**piknik**	[pikniˀ]
Spiel (n)	**permainan**	[pərmajnan]
Spieler (m)	**pemain**	[pemajn]
Partie (f)	**partai**	[partaj]
Sammler (m)	**kolektor**	[kolektor]
sammeln (vt)	**mengoleksi**	[məŋoleksi]
Sammlung (f)	**koleksi**	[koleksi]
Kreuzworträtsel (n)	**teka-teki silang**	[teka-teki silaŋ]
Rennbahn (f)	**lapangan pacu**	[lapaŋan patʃu]

Diskothek (f)	**diskotik**	[diskotiˀ]
Sauna (f)	**sauna**	[sauna]
Lotterie (f)	**lotre**	[lotre]
Wanderung (f)	**darmawisata**	[darmawisata]
Lager (n)	**perkemahan**	[pərkemahan]
Zelt (n)	**tenda, kemah**	[tenda], [kemah]
Kompass (m)	**kompas**	[kompas]
Tourist (m)	**pewisata alam**	[pewisata alam]
fernsehen (vi)	**menonton**	[mənonton]
Fernsehzuschauer (m)	**penonton**	[penonton]
Fernsehsendung (f)	**acara TV**	[atʃara ti-vi]

137. Fotografie

Kamera (f)	**kamera**	[kamera]
Foto (n)	**foto**	[foto]
Fotograf (m)	**fotografer**	[fotografer]
Fotostudio (n)	**studio foto**	[studio foto]
Fotoalbum (n)	**album foto**	[album foto]
Objektiv (n)	**lensa kamera**	[lensa kamera]
Teleobjektiv (n)	**lensa telefoto**	[lensa telefoto]
Filter (n)	**filter**	[filter]
Linse (f)	**lensa**	[lensa]
Optik (f)	**alat optik**	[alat optiˀ]
Blende (f)	**diafragma**	[diafragma]
Belichtungszeit (f)	**kecepatan rana**	[ketʃepatan rana]
Sucher (m)	**jendela pengamat**	[dʒʲendela peŋamat]
Digitalkamera (f)	**kamera digital**	[kamera digital]
Stativ (n)	**kakitiga**	[kakitiga]
Blitzgerät (n)	**blitz**	[blits]
fotografieren (vt)	**memotret**	[memotret]
aufnehmen (vt)	**memotret**	[memotret]
sich fotografieren lassen	**berfoto**	[bərfoto]
Fokus (m)	**fokus**	[fokus]
den Fokus einstellen	**mengatur fokus**	[məŋatur fokus]
scharf (~ abgebildet)	**tajam**	[tadʒʲam]
Schärfe (f)	**ketajaman**	[ketadʒʲaman]
Kontrast (m)	**kekontrasan**	[kekontrasan]
kontrastreich	**kontras**	[kontras]
Aufnahme (f)	**gambar foto**	[gambar foto]
Negativ (n)	**negatif**	[negatif]
Rollfilm (m)	**film**	[film]
Einzelbild (n)	**frame, gambar diam**	[frame], [gambar diam]
drucken (vt)	**mencetak**	[məntʃetaˀ]

138. Strand. Schwimmen

Strand (m)	**pantai**	[pantaj]
Sand (m)	**pasir**	[pasir]
menschenleer	**sepi**	[sepi]
Bräune (f)	**hitam terbakar matahari**	[hitam tərbakar matahari]
sich bräunen	**berjemur di sinar matahari**	[bərdʒʲemur di sinar matahari]
gebräunt	**hitam terbakar matahari**	[hitam tərbakar matahari]
Sonnencreme (f)	**tabir surya**	[tabir surja]
Bikini (m)	**bikini**	[bikini]
Badeanzug (m)	**baju renang**	[badʒʲu renaŋ]
Badehose (f)	**celana renang**	[ʧelana renaŋ]
Schwimmbad (n)	**kolam renang**	[kolam renaŋ]
schwimmen (vi)	**berenang**	[bərenaŋ]
Dusche (f)	**pancuran**	[panʧuran]
sich umkleiden	**berganti pakaian**	[bərganti pakajan]
Handtuch (n)	**handuk**	[handuˀ]
Boot (n)	**perahu**	[pərahu]
Motorboot (n)	**perahu motor**	[pərahu motor]
Wasserski (m)	**ski air**	[ski air]
Tretboot (n)	**sepeda air**	[sepeda air]
Surfen (n)	**berselancar**	[bərselanʧar]
Surfer (m)	**peselancar**	[peselanʧar]
Tauchgerät (n)	**alat scuba**	[alat skuba]
Schwimmflossen (pl)	**sirip karet**	[sirip karet]
Maske (f)	**masker**	[masker]
Taucher (m)	**penyelam**	[penjelam]
tauchen (vi)	**menyelam**	[mənjelam]
unter Wasser	**bawah air**	[bawah air]
Sonnenschirm (m)	**payung**	[pajuŋ]
Liege (f)	**kursi pantai**	[kursi pantaj]
Sonnenbrille (f)	**kacamata hitam**	[kaʧamata hitam]
Schwimmmatratze (f)	**kasur udara**	[kasur udara]
spielen (vi, vt)	**bermain**	[bərmajn]
schwimmen gehen	**berenang**	[bərenaŋ]
Ball (m)	**bola pantai**	[bola pantaj]
aufblasen (vt)	**meniup**	[məniup]
aufblasbar	**udara**	[udara]
Welle (f)	**gelombang**	[gelombaŋ]
Boje (f)	**pelampung**	[pelampuŋ]
ertrinken (vi)	**tenggelam**	[teŋgelam]
retten (vt)	**menyelamatkan**	[mənjelamatkan]
Schwimmweste (f)	**jaket pelampung**	[dʒʲaket pelampuŋ]
beobachten (vt)	**mengamati**	[məŋamati]
Bademeister (m)	**penyelamat**	[penjelamat]

TECHNISCHES ZUBEHÖR. TRANSPORT

Technisches Zubehör

139. Computer

Computer (m)	**komputer**	[komputer]
Laptop (m), Notebook (n)	**laptop**	[laptop]
einschalten (vt)	**menyalakan**	[mənjalakan]
abstellen (vt)	**mematikan**	[mematikan]
Tastatur (f)	**keyboard, papan tombol**	[keybor], [papan tombol]
Taste (f)	**tombol**	[tombol]
Maus (f)	**tetikus**	[tetikus]
Mousepad (n)	**bantal tetikus**	[bantal tetikus]
Knopf (m)	**tombol**	[tombol]
Cursor (m)	**kursor**	[kursor]
Monitor (m)	**monitor**	[monitor]
Schirm (m)	**layar**	[lajar]
Festplatte (f)	**hard disk, cakram keras**	[hard disk], [ʧakram keras]
Festplattengröße (f)	**kapasitas cakram keras**	[kapasitas ʧakram keras]
Speicher (m)	**memori**	[memori]
Arbeitsspeicher (m)	**memori akses acak**	[memori akses aʧaˀ]
Datei (f)	**file, berkas**	[file], [bərkas]
Ordner (m)	**folder**	[folder]
öffnen (vt)	**membuka**	[membuka]
schließen (vt)	**menutup**	[mənutup]
speichern (vt)	**menyimpan**	[mənjimpan]
löschen (vt)	**menghapus**	[məŋhapus]
kopieren (vt)	**menyalin**	[mənjalin]
sortieren (vt)	**menyortir**	[mənjortir]
transferieren (vt)	**mentransfer**	[məntransfer]
Programm (n)	**program**	[program]
Software (f)	**perangkat lunak**	[pəraŋkat lunaˀ]
Programmierer (m)	**pemrogram**	[pemrogram]
programmieren (vt)	**memprogram**	[memprogram]
Hacker (m)	**peretas**	[pəretas]
Kennwort (n)	**kata sandi**	[kata sandi]
Virus (m, n)	**virus**	[virus]
entdecken (vt)	**mendeteksi**	[məndeteksi]
Byte (n)	**bita**	[bita]

Megabyte (n)	**megabita**	[megabita]
Daten (pl)	**data**	[data]
Datenbank (f)	**basis data, pangkalan data**	[basis data], [paŋkalan data]
Kabel (n)	**kabel**	[kabel]
trennen (vt)	**melepaskan**	[melepaskan]
anschließen (vt)	**menyambungkan**	[mənjambuŋkan]

140. Internet. E-Mail

Internet (n)	**Internet**	[internet]
Browser (m)	**peramban**	[pəramban]
Suchmaschine (f)	**mesin telusur**	[mesin telusur]
Provider (m)	**provider**	[provider]
Webmaster (m)	**webmaster, perancang web**	[webmaster], [pərantʃaŋ web]
Website (f)	**situs web**	[situs web]
Webseite (f)	**halaman web**	[halaman web]
Adresse (f)	**alamat**	[alamat]
Adressbuch (n)	**buku alamat**	[buku alamat]
Mailbox (f)	**kotak surat**	[kotaˀ surat]
Post (f)	**surat**	[surat]
überfüllt (-er Briefkasten)	**penuh**	[penuh]
Mitteilung (f)	**pesan**	[pesan]
eingehenden Nachrichten	**pesan masuk**	[pesan masuˀ]
ausgehenden Nachrichten	**pesan keluar**	[pesan keluar]
Absender (m)	**pengirim**	[peŋirim]
senden (vt)	**mengirim**	[məŋirim]
Absendung (f)	**pengiriman**	[peŋiriman]
Empfänger (m)	**penerima**	[penerima]
empfangen (vt)	**menerima**	[mənerima]
Briefwechsel (m)	**surat-menyurat**	[surat-menyurat]
im Briefwechsel stehen	**surat-menyurat**	[surat-menyurat]
Datei (f)	**file, berkas**	[file], [bərkas]
herunterladen (vt)	**mengunduh**	[məŋunduh]
schaffen (vt)	**membuat**	[membuat]
löschen (vt)	**menghapus**	[məŋhapus]
gelöscht (Datei)	**terhapus**	[tərhapus]
Verbindung (f)	**koneksi**	[koneksi]
Geschwindigkeit (f)	**kecepatan**	[ketʃepatan]
Modem (n)	**modem**	[modem]
Zugang (m)	**akses**	[akses]
Port (m)	**porta**	[porta]
Anschluss (m)	**koneksi**	[koneksi]
sich anschließen	**terhubung ke ...**	[tərhubuŋ ke ...]

auswählen (vt)	**memilih**	[memilih]
suchen (vt)	**mencari ...**	[mənʧari ...]

Transport

141. Flugzeug

Flugzeug (n)	**pesawat terbang**	[pesawat tərbaŋ]
Flugticket (n)	**tiket pesawat terbang**	[tiket pesawat tərbaŋ]
Fluggesellschaft (f)	**maskapai penerbangan**	[maskapaj penerbaŋan]
Flughafen (m)	**bandara**	[bandara]
Überschall-	**supersonik**	[supersoniˀ]
Flugkapitän (m)	**kapten**	[kapten]
Besatzung (f)	**awak**	[awaˀ]
Pilot (m)	**pilot**	[pilot]
Flugbegleiterin (f)	**pramugari**	[pramugari]
Steuermann (m)	**navigator, penavigasi**	[navigator], [penavigasi]
Flügel (pl)	**sayap**	[sajap]
Schwanz (m)	**ekor**	[ekor]
Kabine (f)	**kokpit**	[kokpit]
Motor (m)	**mesin**	[mesin]
Fahrgestell (n)	**roda pendarat**	[roda pendarat]
Turbine (f)	**turbin**	[turbin]
Propeller (m)	**baling-baling**	[baliŋ-baliŋ]
Flugschreiber (m)	**kotak hitam**	[kotaˀ hitam]
Steuerrad (n)	**kemudi**	[kemudi]
Treibstoff (m)	**bahan bakar**	[bahan bakar]
Sicherheitskarte (f)	**instruksi keselamatan**	[instruksi keselamatan]
Sauerstoffmaske (f)	**masker oksigen**	[masker oksigen]
Uniform (f)	**seragam**	[seragam]
Rettungsweste (f)	**jaket pelampung**	[dʒʲaket pelampuŋ]
Fallschirm (m)	**parasut**	[parasut]
Abflug, Start (m)	**lepas landas**	[lepas landas]
starten (vi)	**bertolak**	[bərtolaˀ]
Startbahn (f)	**jalur lepas landas**	[dʒʲalur lepas landas]
Sicht (f)	**visibilitas, pandangan**	[visibilitas], [pandaŋan]
Flug (m)	**penerbangan**	[penerbaŋan]
Höhe (f)	**ketinggian**	[ketiŋgian]
Luftloch (n)	**lubang udara**	[lubaŋ udara]
Platz (m)	**tempat duduk**	[tempat duduˀ]
Kopfhörer (m)	**headphone, fonkepala**	[headphone], [fonkepala]
Klapptisch (m)	**meja lipat**	[medʒʲa lipat]
Bullauge (n)	**jendela pesawat**	[dʒʲendela pesawat]
Durchgang (m)	**lorong**	[loroŋ]

142. Zug

Zug (m)	**kereta api**	[kereta api]
elektrischer Zug (m)	**kereta api listrik**	[kereta api listriˀ]
Schnellzug (m)	**kereta api cepat**	[kereta api ʧepat]
Diesellok (f)	**lokomotif diesel**	[lokomotif disel]
Dampflok (f)	**lokomotif uap**	[lokomotif uap]
Personenwagen (m)	**gerbong penumpang**	[gerboŋ penumpaŋ]
Speisewagen (m)	**gerbong makan**	[gerboŋ makan]
Schienen (pl)	**rel**	[rel]
Eisenbahn (f)	**rel kereta api**	[rel kereta api]
Bahnschwelle (f)	**bantalan rel**	[bantalan rel]
Bahnsteig (m)	**platform**	[platform]
Gleis (n)	**jalur**	[ʤʲalur]
Eisenbahnsignal (n)	**semafor**	[semafor]
Station (f)	**stasiun**	[stasiun]
Lokomotivführer (m)	**masinis**	[masinis]
Träger (m)	**porter**	[porter]
Schaffner (m)	**kondektur**	[kondektur]
Fahrgast (m)	**penumpang**	[penumpaŋ]
Fahrkartenkontrolleur (m)	**kondektur**	[kondektur]
Flur (m)	**koridor**	[koridor]
Notbremse (f)	**rem darurat**	[rem darurat]
Abteil (n)	**kabin**	[kabin]
Liegeplatz (m), Schlafkoje (f)	**bangku**	[baŋku]
oberer Liegeplatz (m)	**bangku atas**	[baŋku atas]
unterer Liegeplatz (m)	**bangku bawah**	[baŋku bawah]
Bettwäsche (f)	**kain kasur**	[kain kasur]
Fahrkarte (f)	**tiket**	[tiket]
Fahrplan (m)	**jadwal**	[ʤʲadwal]
Anzeigetafel (f)	**layar informasi**	[lajar informasi]
abfahren (der Zug)	**berangkat**	[bəraŋkat]
Abfahrt (f)	**keberangkatan**	[keberaŋkatan]
ankommen (der Zug)	**datang**	[dataŋ]
Ankunft (f)	**kedatangan**	[kedataŋan]
mit dem Zug kommen	**datang naik kereta api**	[dataŋ najˀ kereta api]
in den Zug einsteigen	**naik ke kereta**	[naiˀ ke kereta]
aus dem Zug aussteigen	**turun dari kereta**	[turun dari kereta]
Zugunglück (n)	**kecelakaan kereta**	[keʧelakaˀan kereta]
entgleisen (vi)	**keluar rel**	[keluar rel]
Dampflok (f)	**lokomotif uap**	[lokomotif uap]
Heizer (m)	**juru api**	[ʤʲuru api]
Feuerbüchse (f)	**tungku**	[tuŋku]
Kohle (f)	**batu bara**	[batu bara]

143. Schiff

Schiff (n)	**kapal**	[kapal]
Fahrzeug (n)	**kapal**	[kapal]
Dampfer (m)	**kapal uap**	[kapal uap]
Motorschiff (n)	**kapal api**	[kapal api]
Kreuzfahrtschiff (n)	**kapal laut**	[kapal laut]
Kreuzer (m)	**kapal penjelajah**	[kapal pendʒʲeladʒʲah]
Jacht (f)	**perahu pesiar**	[pərahu pesiar]
Schlepper (m)	**kapal tunda**	[kapal tunda]
Lastkahn (m)	**tongkang**	[toŋkaŋ]
Fähre (f)	**feri**	[feri]
Segelschiff (n)	**kapal layar**	[kapal lajar]
Brigantine (f)	**kapal brigantin**	[kapal brigantin]
Eisbrecher (m)	**kapal pemecah es**	[kapal pemetʃah es]
U-Boot (n)	**kapal selam**	[kapal selam]
Boot (n)	**perahu**	[pərahu]
Dingi (n), Beiboot (n)	**sekoci**	[sekotʃi]
Rettungsboot (n)	**sekoci penyelamat**	[sekotʃi penjelamat]
Motorboot (n)	**perahu motor**	[pərahu motor]
Kapitän (m)	**kapten**	[kapten]
Matrose (m)	**kelasi**	[kelasi]
Seemann (m)	**pelaut**	[pelaut]
Besatzung (f)	**awak**	[awaʔ]
Bootsmann (m)	**bosman, bosun**	[bosman], [bosun]
Schiffsjunge (m)	**kadet laut**	[kadet laut]
Schiffskoch (m)	**koki**	[koki]
Schiffsarzt (m)	**dokter kapal**	[dokter kapal]
Deck (n)	**dek**	[deʔ]
Mast (m)	**tiang**	[tiaŋ]
Segel (n)	**layar**	[lajar]
Schiffsraum (m)	**lambung kapal**	[lambuŋ kapal]
Bug (m)	**haluan**	[haluan]
Heck (n)	**buritan**	[buritan]
Ruder (n)	**dayung**	[dajuŋ]
Schraube (f)	**baling-baling**	[baliŋ-baliŋ]
Kajüte (f)	**kabin**	[kabin]
Messe (f)	**ruang rekreasi**	[ruaŋ rekreasi]
Maschinenraum (m)	**ruang mesin**	[ruaŋ mesin]
Kommandobrücke (f)	**anjungan kapal**	[andʒʲuŋan kapal]
Funkraum (m)	**ruang radio**	[ruaŋ radio]
Radiowelle (f)	**gelombang radio**	[gelombaŋ radio]
Schiffstagebuch (n)	**buku harian kapal**	[buku harian kapal]
Fernrohr (n)	**teropong**	[təropoŋ]
Glocke (f)	**lonceng**	[lontʃeŋ]

Fahne (f)	**bendera**	[bendera]
Seil (n)	**tali**	[tali]
Knoten (m)	**simpul**	[simpul]
Geländer (n)	**pegangan**	[pegaŋan]
Treppe (f)	**tangga kapal**	[taŋga kapal]
Anker (m)	**jangkar**	[dʒʲaŋkar]
den Anker lichten	**mengangkat jangkar**	[məŋaŋkat dʒʲaŋkar]
Anker werfen	**menjatuhkan jangkar**	[məndʒʲatuhkan dʒʲaŋkar]
Ankerkette (f)	**rantai jangkar**	[rantaj dʒʲaŋkar]
Hafen (m)	**pelabuhan**	[pelabuhan]
Anlegestelle (f)	**dermaga**	[dermaga]
anlegen (vi)	**merapat**	[merapat]
abstoßen (vt)	**bertolak**	[bərtolaˀ]
Reise (f)	**pengembaraan**	[peŋembaraˀan]
Kreuzfahrt (f)	**pesiar**	[pesiar]
Kurs (m), Richtung (f)	**haluan**	[haluan]
Reiseroute (f)	**rute**	[rute]
Untiefe (f)	**beting**	[betiŋ]
stranden (vi)	**kandas**	[kandas]
Sturm (m)	**badai**	[badaj]
Signal (n)	**sinyal**	[sinjal]
untergehen (vi)	**tenggelam**	[teŋgelam]
Mann über Bord!	**Orang hanyut!**	[oraŋ hanyut!]
SOS	**SOS**	[es-o-es]
Rettungsring (m)	**pelampung penyelamat**	[pelampuŋ penjelamat]

144. Flughafen

Flughafen (m)	**bandara**	[bandara]
Flugzeug (n)	**pesawat terbang**	[pesawat tərbaŋ]
Fluggesellschaft (f)	**maskapai penerbangan**	[maskapaj penerbaŋan]
Fluglotse (m)	**pengawas lalu lintas udara**	[peŋawas lalu lintas udara]
Abflug (m)	**keberangkatan**	[keberaŋkatan]
Ankunft (f)	**kedatangan**	[kedataŋan]
anfliegen (vi)	**datang**	[dataŋ]
Abflugzeit (f)	**waktu keberangkatan**	[waktu keberaŋkatan]
Ankunftszeit (f)	**waktu kedatangan**	[waktu kedataŋan]
sich verspäten	**terlambat**	[tərlambat]
Abflugverspätung (f)	**penundaan penerbangan**	[penundaˀan penerbaŋan]
Anzeigetafel (f)	**papan informasi**	[papan informasi]
Information (f)	**informasi**	[informasi]
ankündigen (vt)	**mengumumkan**	[məŋumumkan]
Flug (m)	**penerbangan**	[penerbaŋan]
Zollamt (n)	**pabean**	[pabean]

Zollbeamter (m)	**petugas pabean**	[petugas pabean]
Zolldeklaration (f)	**pernyataan pabean**	[pərnjata'an pabean]
ausfüllen (vt)	**mengisi**	[məŋisi]
die Zollerklärung ausfüllen	**mengisi formulir bea cukai**	[məŋisi formulir bea ʧukaj]
Passkontrolle (f)	**pemeriksaan paspor**	[pemeriksa'an paspor]
Gepäck (n)	**bagasi**	[bagasi]
Handgepäck (n)	**jinjingan**	[ʤindʒiŋan]
Kofferkuli (m)	**troli bagasi**	[troli bagasi]
Landung (f)	**pendaratan**	[pendaratan]
Landebahn (f)	**jalur pendaratan**	[ʤʲalur pendaratan]
landen (vi)	**mendarat**	[məndarat]
Fluggasttreppe (f)	**tangga pesawat**	[taŋga pesawat]
Check-in (n)	**check-in**	[ʧekin]
Check-in-Schalter (m)	**meja check-in**	[meʤʲa ʧekin]
sich registrieren lassen	**check-in**	[ʧekin]
Bordkarte (f)	**kartu pas**	[kartu pas]
Abfluggate (n)	**gerbang keberangkatan**	[gerbaŋ keberaŋkatan]
Transit (m)	**transit**	[transit]
warten (vi)	**menunggu**	[mənuŋgu]
Wartesaal (m)	**ruang tunggu**	[ruaŋ tuŋgu]
begleiten (vt)	**mengantar**	[məŋantar]
sich verabschieden	**berpamitan**	[bərpamitan]

145. Fahrrad. Motorrad

Fahrrad (n)	**sepeda**	[sepeda]
Motorroller (m)	**skuter**	[skuter]
Motorrad (n)	**sepeda motor**	[sepeda motor]
Rad fahren	**naik sepeda**	[nai' sepeda]
Lenkstange (f)	**kemudi, setang**	[kemudi], [setaŋ]
Pedal (n)	**pedal**	[pedal]
Bremsen (pl)	**rem**	[rem]
Sattel (m)	**sadel**	[sadel]
Pumpe (f)	**pompa**	[pompa]
Gepäckträger (m)	**boncengan**	[bonʧeŋan]
Scheinwerfer (m)	**lampu depan, berko**	[lampu depan], [bərko]
Helm (m)	**helm**	[helm]
Rad (n)	**roda**	[roda]
Schutzblech (n)	**sayap roda**	[sajap roda]
Felge (f)	**bingkai**	[biŋkaj]
Speiche (f)	**jari-jari, ruji**	[ʤʲari-ʤʲari], [ruʤi]

Autos

146. Autotypen

Auto (n)	**mobil**	[mobil]
Sportwagen (m)	**mobil sports**	[mobil sports]
Limousine (f)	**limusin**	[limusin]
Geländewagen (m)	**kendaraan lintas medan**	[kendaraˀan lintas medan]
Kabriolett (n)	**kabriolet**	[kabriolet]
Kleinbus (m)	**minibus**	[minibus]
Krankenwagen (m)	**ambulans**	[ambulans]
Schneepflug (m)	**truk pembersih salju**	[truˀ pembersih saldʒʲu]
Lastkraftwagen (m)	**truk**	[truˀ]
Tankwagen (m)	**truk tangki**	[truˀ taŋki]
Kastenwagen (m)	**mobil van**	[mobil van]
Sattelzug (m)	**truk semi trailer**	[traˀ semi treyler]
Anhänger (m)	**trailer**	[treyler]
komfortabel	**nyaman**	[njaman]
gebraucht	**bekas**	[bekas]

147. Autos. Karosserie

Motorhaube (f)	**kap**	[kap]
Kotflügel (m)	**sepatbor**	[sepatbor]
Dach (n)	**atap**	[atap]
Windschutzscheibe (f)	**kaca depan**	[katʃa depan]
Rückspiegel (m)	**spion belakang**	[spion belakaŋ]
Scheibenwaschanlage (f)	**pencuci kaca**	[pentʃutʃi katʃa]
Scheibenwischer (m)	**karet wiper**	[karet wiper]
Seitenscheibe (f)	**jendela mobil**	[dʒʲendela mobil]
Fensterheber (m)	**pemutar jendela**	[pemutar dʒʲendela]
Antenne (f)	**antena**	[antena]
Schiebedach (n)	**panel atap**	[panel atap]
Stoßstange (f)	**bumper**	[bumper]
Kofferraum (m)	**bagasi mobil**	[bagasi mobil]
Dachgepäckträger (m)	**rak bagasi atas**	[raˀ bagasi atas]
Wagenschlag (m)	**pintu**	[pintu]
Türgriff (m)	**gagang pintu**	[gagaŋ pintu]
Türschloss (n)	**kunci**	[kuntʃi]
Nummernschild (n)	**pelat nomor**	[pelat nomor]
Auspufftopf (m)	**peredam suara**	[pəredam suara]

Benzintank (m)	**tangki bahan bakar**	[taŋki bahan bakar]
Auspuffrohr (n)	**knalpot**	[knalpot]
Gas (n)	**gas**	[gas]
Pedal (n)	**pedal**	[pedal]
Gaspedal (n)	**pedal gas**	[pedal gas]
Bremse (f)	**rem**	[rem]
Bremspedal (n)	**pedal rem**	[pedal rem]
bremsen (vi)	**mengerem**	[məŋerem]
Handbremse (f)	**rem tangan**	[rem taŋan]
Kupplung (f)	**kopling**	[kopliŋ]
Kupplungspedal (n)	**pedal kopling**	[pedal kopliŋ]
Kupplungsscheibe (f)	**pelat kopling**	[pelat kopliŋ]
Stoßdämpfer (m)	**peredam kejut**	[pəredam kedʒʲut]
Rad (n)	**roda**	[roda]
Reserverad (n)	**ban serep**	[ban serep]
Reifen (m)	**ban**	[ban]
Radkappe (f)	**dop**	[dop]
Triebräder (pl)	**roda penggerak**	[roda peŋgeraˀ]
mit Vorderantrieb	**penggerak roda depan**	[peŋgeraˀ roda depan]
mit Hinterradantrieb	**penggerak roda belakang**	[peŋgeraˀ roda belakaŋ]
mit Allradantrieb	**penggerak roda empat**	[peŋgeraˀ roda empat]
Getriebe (n)	**transmisi, girboks**	[transmisi], [girboks]
Automatik-	**otomatis**	[otomatis]
Schalt-	**mekanis**	[mekanis]
Schalthebel (m)	**tuas persneling**	[tuas pərsneliŋ]
Scheinwerfer (m)	**lampu depan**	[lampu depan]
Scheinwerfer (pl)	**lampu depan**	[lampu depan]
Abblendlicht (n)	**lampu dekat**	[lampu dekat]
Fernlicht (n)	**lampu jauh**	[lampu dʒʲauh]
Stopplicht (n)	**lampu rem**	[lampu rem]
Standlicht (n)	**lampu kecil**	[lampu ketʃil]
Warnblinker (m)	**lampu bahaya**	[lampu bahaja]
Nebelscheinwerfer (pl)	**lampu kabut**	[lampu kabut]
Blinker (m)	**lampu sein**	[lampu sein]
Rückfahrscheinwerfer (m)	**lampu belakang**	[lampu belakaŋ]

148. Autos. Fahrgastraum

Wageninnere (n)	**kabin, interior**	[kabin], [interior]
Leder-	**kulit**	[kulit]
aus Velours	**velour**	[velour]
Polster (n)	**pelapis jok**	[pelapis dʒoˀ]
Instrument (n)	**alat pengukur**	[alat peŋukur]
Armaturenbrett (n)	**dasbor**	[dasbor]

Tachometer (m)	**spidometer**	[spidometer]
Nadel (f)	**jarum**	[dʒʲarum]
Kilometerzähler (m)	**odometer**	[odometer]
Anzeige (Temperatur-)	**indikator, sensor**	[indikator], [sensor]
Pegel (m)	**level**	[level]
Kontrollleuchte (f)	**lampu indikator**	[lampu indikator]
Steuerrad (n)	**setir**	[setir]
Hupe (f)	**klakson**	[klakson]
Knopf (m)	**tombol**	[tombol]
Umschalter (m)	**tuas**	[tuas]
Sitz (m)	**jok**	[dʒoˀ]
Rückenlehne (f)	**sandaran**	[sandaran]
Kopfstütze (f)	**sandaran kepala**	[sandaran kepala]
Sicherheitsgurt (m)	**sabuk pengaman**	[sabuˀ peŋaman]
sich anschnallen	**mengencangkan sabuk pengaman**	[məŋentʃaŋkan sabuˀ peŋaman]
Einstellung (f)	**penyetelan**	[penjetelan]
Airbag (m)	**bantal udara**	[bantal udara]
Klimaanlage (f)	**penyejuk udara**	[penjedʒʲuˀ udara]
Radio (n)	**radio**	[radio]
CD-Spieler (m)	**pemutar CD**	[pemutar si-di]
einschalten (vt)	**menyalakan**	[mənjalakan]
Antenne (f)	**antena**	[antena]
Handschuhfach (n)	**laci depan**	[latʃi depan]
Aschenbecher (m)	**asbak**	[asbaˀ]

149. Autos. Motor

Triebwerk (n)	**mesin**	[mesin]
Motor (m)	**motor**	[motor]
Diesel-	**diesel**	[disel]
Benzin-	**bensin**	[bensin]
Hubraum (m)	**kapasitas mesin**	[kapasitas mesin]
Leistung (f)	**daya, tenaga**	[daja], [tenaga]
Pferdestärke (f)	**tenaga kuda**	[tenaga kuda]
Kolben (m)	**piston**	[piston]
Zylinder (m)	**silinder**	[silinder]
Ventil (n)	**katup**	[katup]
Injektor (m)	**injektor**	[indʒʲektor]
Generator (m)	**generator**	[generator]
Vergaser (m)	**karburator**	[karburator]
Motoröl (n)	**oli**	[oli]
Kühler (m)	**radiator**	[radiator]
Kühlflüssigkeit (f)	**cairan pendingin**	[tʃajran pendiŋin]
Ventilator (m)	**kipas angin**	[kipas aŋin]
Autobatterie (f)	**aki**	[aki]

Anlasser (m)	**starter**	[starter]
Zündung (f)	**pengapian**	[peŋapian]
Zündkerze (f)	**busi**	[busi]
Klemme (f)	**elektroda**	[elektroda]
Pluspol (m)	**terminal positif**	[tərminal positif]
Minuspol (m)	**terminal negatif**	[tərminal negatif]
Sicherung (f)	**sekering**	[sekeriŋ]
Luftfilter (m)	**filter udara**	[filter udara]
Ölfilter (m)	**filter oli**	[filter oli]
Treibstofffilter (m)	**filter bahan bakar**	[filter bahan bakar]

150. Autos. Unfall. Reparatur

Unfall (m)	**kecelakaan mobil**	[ketʃelakaˀan mobil]
Verkehrsunfall (m)	**kecelakaan jalan raya**	[ketʃelakaˀan dʒʲalan raja]
fahren gegen ...	**menabrak**	[mənabraˀ]
verunglücken (vi)	**mengalami kecelakaan**	[məŋalami ketʃelakaˀan]
Schaden (m)	**kerusakan**	[kerusakan]
heil (Adj)	**tidak tersentuh**	[tidaˀ tərsentuh]
Panne (f)	**kerusakan**	[kerusakan]
kaputtgehen (vi)	**rusak**	[rusaˀ]
Abschleppseil (n)	**tali penyeret**	[tali penjeret]
Reifenpanne (f)	**ban bocor**	[ban botʃor]
platt sein	**kempes**	[kempes]
pumpen (vt)	**memompa**	[memompa]
Reifendruck (m)	**tekanan**	[tekanan]
prüfen (vt)	**memeriksa**	[memeriksa]
Reparatur (f)	**reparasi**	[reparasi]
Reparaturwerkstatt (f)	**bengkel mobil**	[beŋkel mobil]
Ersatzteil (n)	**onderdil, suku cadang**	[onderdil], [suku tʃadaŋ]
Einzelteil (n)	**komponen**	[komponen]
Bolzen (m)	**baut**	[baut]
Schraube (f)	**sekrup**	[sekrup]
Schraubenmutter (f)	**mur**	[mur]
Scheibe (f)	**ring**	[riŋ]
Lager (n)	**bantalan luncur**	[bantalan luntʃur]
Rohr (Abgas-)	**pipa**	[pipa]
Dichtung (f)	**gasket**	[gasket]
Draht (m)	**kabel, kawat**	[kabel], [kawat]
Wagenheber (m)	**dongkrak**	[doŋkraˀ]
Schraubenschlüssel (m)	**kunci pas**	[kuntʃi pas]
Hammer (m)	**martil, palu**	[martil], [palu]
Pumpe (f)	**pompa**	[pompa]
Schraubenzieher (m)	**obeng**	[obeŋ]
Feuerlöscher (m)	**pemadam api**	[pemadam api]
Warndreieck (n)	**segi tiga pengaman**	[segi tiga peŋaman]

abwürgen (Motor)	**mogok**	[mogoʔ]
Anhalten (~ des Motors)	**mogok**	[mogoʔ]
kaputt sein	**rusak**	[rusaʔ]
überhitzt werden (Motor)	**kepanasan**	[kepanasan]
verstopft sein	**tersumbat**	[tərsumbat]
einfrieren (Schloss, Rohr)	**membeku**	[membeku]
zerplatzen (vi)	**pecah**	[petʃah]
Druck (m)	**tekanan**	[tekanan]
Pegel (m)	**level**	[level]
schlaff (z.B. -e Riemen)	**longgar**	[loŋgar]
Delle (f)	**penyok**	[penjoʔ]
Klopfen (n)	**ketukan**	[ketukan]
Riß (m)	**retak**	[retaʔ]
Kratzer (m)	**gores**	[gores]

151. Autos. Straßen

Fahrbahn (f)	**jalan**	[dʒʲalan]
Schnellstraße (f)	**jalan raya**	[dʒʲalan raja]
Autobahn (f)	**jalan raya**	[dʒʲalan raja]
Richtung (f)	**arah**	[arah]
Entfernung (f)	**jarak**	[dʒʲaraʔ]
Brücke (f)	**jembatan**	[dʒʲembatan]
Parkplatz (m)	**tempat parkir**	[tempat parkir]
Platz (m)	**lapangan**	[lapaŋan]
Autobahnkreuz (n)	**jembatan simpang susun**	[dʒʲembatan simpaŋ susun]
Tunnel (m)	**terowongan**	[tərowoŋan]
Tankstelle (f)	**SPBU, stasiun bensin**	[es-pe-be-u], [stasjun bensin]
Parkplatz (m)	**tempat parkir**	[tempat parkir]
Zapfsäule (f)	**stasiun bahan bakar**	[stasiun bahan bakar]
Reparaturwerkstatt (f)	**bengkel mobil**	[beŋkel mobil]
tanken (vt)	**mengisi bahan bakar**	[məŋisi bahan bakar]
Treibstoff (m)	**bahan bakar**	[bahan bakar]
Kanister (m)	**jeriken**	[dʒʲeriken]
Asphalt (m)	**aspal**	[aspal]
Markierung (f)	**penandaan jalan**	[penandaʔan dʒʲalan]
Bordstein (m)	**kerb jalan**	[kerb dʒʲalan]
Leitplanke (f)	**pagar pematas**	[pagar pematas]
Graben (m)	**parit**	[parit]
Straßenrand (m)	**bahu jalan**	[bahu dʒʲalan]
Straßenlaterne (f)	**tiang lampu**	[tiaŋ lampu]
fahren (vt)	**menyetir**	[mənjetir]
abbiegen (nach links ~)	**membelok**	[membeloʔ]
umkehren (vi)	**memutar arah**	[memutar arah]
Rückwärtsgang (m)	**mundur**	[mundur]
hupen (vi)	**membunyikan klakson**	[membunjikan klakson]
Hupe (f)	**suara klakson**	[suara klakson]

stecken (im Schlamm ~)	**terjebak**	[tərdʒʲebaˀ]
durchdrehen (Räder)	**terjebak**	[tərdʒʲebaˀ]
abstellen (Motor ~)	**mematikan**	[mematikan]
Geschwindigkeit (f)	**kecepatan**	[ketʃepatan]
Geschwindigkeit überschreiten	**melebihi batas kecepatan**	[melebihi batas ketʃepatan]
bestrafen (vt)	**memberikan surat tilang**	[memberikan surat tilaŋ]
Ampel (f)	**lampu lalu lintas**	[lampu lalu lintas]
Führerschein (m)	**Surat Izin Mengemudi, SIM**	[surat izin məŋemudi], [sim]
Bahnübergang (m)	**lintasan**	[lintasan]
Straßenkreuzung (f)	**persimpangan**	[pərsimpaŋan]
Fußgängerüberweg (m)	**penyeberangan**	[penjeberaŋan]
Kehre (f)	**tikungan**	[tikuŋan]
Fußgängerzone (f)	**kawasan pejalan kaki**	[kawasan pedʒʲalan kaki]

MENSCHEN. LEBENSEREIGNISSE

Lebensereignisse

152. Feiertage. Ereignis

Fest (n)	**perayaan**	[pəraja'an]
Nationalfeiertag (m)	**hari besar nasional**	[hari besar nasional]
Feiertag (m)	**hari libur**	[hari libur]
feiern (vt)	**merayakan**	[merajakan]
Ereignis (n)	**peristiwa, kejadian**	[pəristiwa], [kedʒʲadian]
Veranstaltung (f)	**acara**	[atʃara]
Bankett (n)	**banket**	[banket]
Empfang (m)	**resepsi**	[resepsi]
Festmahl (n)	**pesta**	[pesta]
Jahrestag (m)	**hari jadi, HUT**	[hari dʒʲadi], [ha-u-te]
Jubiläumsfeier (f)	**yubileum**	[yubileum]
begehen (vt)	**merayakan**	[merajakan]
Neujahr (n)	**Tahun Baru**	[tahun baru]
Frohes Neues Jahr!	**Selamat Tahun Baru!**	[selamat tahun baru!]
Weihnachtsmann (m)	**Sinterklas**	[sinterklas]
Weihnachten (n)	**Natal**	[natal]
Frohe Weihnachten!	**Selamat Hari Natal!**	[selamat hari natal!]
Tannenbaum (m)	**pohon Natal**	[pohon natal]
Feuerwerk (n)	**kembang api**	[kembaŋ api]
Hochzeit (f)	**pernikahan**	[pərnikahan]
Bräutigam (m)	**mempelai lelaki**	[mempelaj lelaki]
Braut (f)	**mempelai perempuan**	[mempelaj pərempuan]
einladen (vt)	**mengundang**	[məŋundaŋ]
Einladung (f)	**kartu undangan**	[kartu undaŋan]
Gast (m)	**tamu**	[tamu]
besuchen (vt)	**mengunjungi**	[məŋundʒʲuŋi]
Gäste empfangen	**menyambut tamu**	[mənjambut tamu]
Geschenk (n)	**hadiah**	[hadiah]
schenken (vt)	**memberi**	[memberi]
Geschenke bekommen	**menerima hadiah**	[mənerima hadiah]
Blumenstrauß (m)	**buket**	[buket]
Glückwunsch (m)	**ucapan selamat**	[utʃapan selamat]
gratulieren (vi)	**mengucapkan selamat**	[məŋutʃapkan selamat]
Glückwunschkarte (f)	**kartu ucapan selamat**	[kartu utʃapan selamat]

eine Karte abschicken	**mengirim kartu pos**	[məŋirim kartu pos]
eine Karte erhalten	**menerima kartu pos**	[mənerima kartu pos]
Trinkspruch (m)	**toas**	[toas]
anbieten (vt)	**menawari**	[mənawari]
Champagner (m)	**sampanye**	[sampanje]
sich amüsieren	**bersukaria**	[bərsukaria]
Fröhlichkeit (f)	**keriangan, kegembiraan**	[keriaŋan], [kegembiraˀan]
Freude (f)	**kegembiraan**	[kegembiraˀan]
Tanz (m)	**dansa, tari**	[dansa], [tari]
tanzen (vi, vt)	**berdansa, menari**	[bərdansa], [menari]
Walzer (m)	**wals**	[wals]
Tango (m)	**tango**	[taŋo]

153. Bestattungen. Begräbnis

Friedhof (m)	**pemakaman**	[pemakaman]
Grab (n)	**makam**	[makam]
Kreuz (n)	**salib**	[salib]
Grabstein (m)	**batu nisan**	[batu nisan]
Zaun (m)	**pagar**	[pagar]
Kapelle (f)	**kapel**	[kapel]
Tod (m)	**kematian**	[kematian]
sterben (vi)	**mati, meninggal**	[mati], [meniŋgal]
Verstorbene (m)	**almarhum**	[almarhum]
Trauer (f)	**perkabungan**	[pərkabuŋan]
begraben (vt)	**memakamkan**	[memakamkan]
Bestattungsinstitut (n)	**rumah duka**	[rumah duka]
Begräbnis (n)	**pemakaman**	[pemakaman]
Kranz (m)	**karangan bunga**	[karaŋan buŋa]
Sarg (m)	**keranda**	[keranda]
Katafalk (m)	**mobil jenazah**	[mobil ʤʲenazah]
Totenhemd (n)	**kain kafan**	[kain kafan]
Trauerzug (m)	**prosesi pemakaman**	[prosesi pemakaman]
Urne (f)	**guci abu jenazah**	[guʧi abu ʤʲenazah]
Krematorium (n)	**krematorium**	[krematorium]
Nachruf (m)	**obituarium**	[obituarium]
weinen (vi)	**menangis**	[mənaŋis]
schluchzen (vi)	**meratap**	[meratap]

154. Krieg. Soldaten

Zug (m)	**peleton**	[peleton]
Kompanie (f)	**kompi**	[kompi]

Regiment (n)	**resimen**	[resimen]
Armee (f)	**tentara**	[tentara]
Division (f)	**divisi**	[divisi]
Abteilung (f)	**pasukan**	[pasukan]
Heer (n)	**tentara**	[tentara]
Soldat (m)	**tentara, serdadu**	[tentara], [serdadu]
Offizier (m)	**perwira**	[pərwira]
Soldat (m)	**prajurit**	[pradʒʲurit]
Feldwebel (m)	**sersan**	[sersan]
Leutnant (m)	**letnan**	[letnan]
Hauptmann (m)	**kapten**	[kapten]
Major (m)	**mayor**	[major]
Oberst (m)	**kolonel**	[kolonel]
General (m)	**jenderal**	[dʒʲenderal]
Matrose (m)	**pelaut**	[pelaut]
Kapitän (m)	**kapten**	[kapten]
Bootsmann (m)	**bosman, bosun**	[bosman], [bosun]
Artillerist (m)	**tentara artileri**	[tentara artileri]
Fallschirmjäger (m)	**pasukan penerjun**	[pasukan penerdʒʲun]
Pilot (m)	**pilot**	[pilot]
Steuermann (m)	**navigator, penavigasi**	[navigator], [penavigasi]
Mechaniker (m)	**mekanik**	[mekaniˀ]
Pionier (m)	**pencari ranjau**	[pentʃari randʒʲau]
Fallschirmspringer (m)	**parasutis**	[parasutis]
Aufklärer (m)	**pengintai**	[peŋintaj]
Scharfschütze (m)	**penembak jitu**	[penembaˀ dʒitu]
Patrouille (f)	**patroli**	[patroli]
patrouillieren (vi)	**berpatroli**	[bərpatroli]
Wache (f)	**pengawal**	[peŋawal]
Krieger (m)	**prajurit**	[pradʒʲurit]
Patriot (m)	**patriot**	[patriot]
Held (m)	**pahlawan**	[pahlawan]
Heldin (f)	**pahlawan wanita**	[pahlawan wanita]
Verräter (m)	**pengkhianat**	[peŋhianat]
verraten (vt)	**mengkhianati**	[məŋhianati]
Deserteur (m)	**desertir**	[desertir]
desertieren (vi)	**melakukan desersi**	[melakukan desersi]
Söldner (m)	**tentara bayaran**	[tentara bajaran]
Rekrut (m)	**rekrut, calon tentara**	[rekrut], [tʃalon tentara]
Freiwillige (m)	**sukarelawan**	[sukarelawan]
Getoetete (m)	**korban meninggal**	[korban meniŋgal]
Verwundete (m)	**korban luka**	[korban luka]
Kriegsgefangene (m)	**tawanan perang**	[tawanan pəraŋ]

155. Krieg. Militärische Aktionen. Teil 1

Krieg (m)	**perang**	[peraŋ]
Krieg führen	**berperang**	[bərperaŋ]
Bürgerkrieg (m)	**perang saudara**	[pəraŋ saudara]
heimtückisch (Adv)	**secara curang**	[setʃara tʃuraŋ]
Kriegserklärung (f)	**pernyataan perang**	[pərnjataʔan pəraŋ]
erklären (den Krieg ~)	**menyatakan perang**	[mənjatakan pəraŋ]
Aggression (f)	**agresi**	[agresi]
einfallen (Staat usw.)	**menyerang**	[mənjeraŋ]
einfallen (in ein Land ~)	**menduduki**	[mənduduki]
Invasoren (pl)	**penduduk**	[pendudu?]
Eroberer (m), Sieger (m)	**penakluk**	[penaklu?]
Verteidigung (f)	**pertahanan**	[pərtahanan]
verteidigen (vt)	**mempertahankan**	[mempertahankan]
sich verteidigen	**bertahan ...**	[bərtahan ...]
Feind (m)	**musuh**	[musuh]
Gegner (m)	**lawan**	[lawan]
Feind-	**musuh**	[musuh]
Strategie (f)	**strategi**	[strategi]
Taktik (f)	**taktik**	[takti?]
Befehl (m)	**perintah**	[pərintah]
Anordnung (f)	**perintah**	[pərintah]
befehlen (vt)	**memerintahkan**	[memerintahkan]
Auftrag (m)	**tugas**	[tugas]
geheim (Adj)	**rahasia**	[rahasia]
Schlacht (f)	**pertempuran**	[pərtempuran]
Kampf (m)	**pertempuran**	[pərtempuran]
Angriff (m)	**serangan**	[seraŋan]
Sturm (m)	**serbuan**	[serbuan]
stürmen (vt)	**menyerbu**	[mənjerbu]
Belagerung (f)	**kepungan**	[kepuŋan]
Angriff (m)	**serangan**	[seraŋan]
angreifen (vt)	**menyerang**	[mənjeraŋ]
Rückzug (m)	**pengunduran**	[peŋunduran]
sich zurückziehen	**mundur**	[mundur]
Einkesselung (f)	**pengepungan**	[peŋepuŋan]
einkesseln (vt)	**mengepung**	[məŋepuŋ]
Bombenangriff (m)	**pengeboman**	[peŋeboman]
eine Bombe abwerfen	**menjatuhkan bom**	[məndʒʲatuhkan bom]
bombardieren (vt)	**mengebom**	[məŋebom]
Explosion (f)	**ledakan**	[ledakan]
Schuss (m)	**tembakan**	[tembakan]

schießen (vt)	**melepaskan**	[melepaskan]
Schießerei (f)	**penembakan**	[penembakan]
zielen auf ...	**membidik**	[membidiˀ]
richten (die Waffe)	**mengarahkan**	[məŋarahkan]
treffen (ins Schwarze ~)	**mengenai**	[məŋenaj]
versenken (vt)	**menenggelamkan**	[məneŋgelamkan]
Loch (im Schiffsrumpf)	**lubang**	[lubaŋ]
versinken (Schiff)	**karam**	[karam]
Front (f)	**garis depan**	[garis depan]
Evakuierung (f)	**evakuasi**	[evakuasi]
evakuieren (vt)	**mengevakuasi**	[məŋevakuasi]
Schützengraben (m)	**parit perlindungan**	[parit pərlinduŋan]
Stacheldraht (m)	**kawat berduri**	[kawat bərduri]
Sperre (z.B. Panzersperre)	**rintangan**	[rintaŋan]
Wachtturm (m)	**menara**	[mənara]
Lazarett (n)	**rumah sakit militer**	[rumah sakit militer]
verwunden (vt)	**melukai**	[melukaj]
Wunde (f)	**luka**	[luka]
Verwundete (m)	**korban luka**	[korban luka]
verletzt sein	**terluka**	[tərluka]
schwer (-e Verletzung)	**parah**	[parah]

156. Waffen

Waffe (f)	**senjata**	[sendʒʲata]
Schusswaffe (f)	**senjata api**	[sendʒʲata api]
blanke Waffe (f)	**sejata tajam**	[sedʒʲata tadʒʲam]
chemischen Waffen (pl)	**senjata kimia**	[sendʒʲata kimia]
Kern-, Atom-	**nuklir**	[nuklir]
Kernwaffe (f)	**senjata nuklir**	[sendʒʲata nuklir]
Bombe (f)	**bom**	[bom]
Atombombe (f)	**bom atom**	[bom atom]
Pistole (f)	**pistol**	[pistol]
Gewehr (n)	**senapan**	[senapan]
Maschinenpistole (f)	**senapan otomatis**	[senapan otomatis]
Maschinengewehr (n)	**senapan mesin**	[senapan mesin]
Mündung (f)	**moncong**	[montʃoŋ]
Lauf (Gewehr-)	**laras**	[laras]
Kaliber (n)	**kaliber**	[kaliber]
Abzug (m)	**pelatuk**	[pelatuˀ]
Visier (n)	**pembidik**	[pembidiˀ]
Magazin (n)	**magasin**	[magasin]
Kolben (m)	**pantat senapan**	[pantat senapan]
Handgranate (f)	**granat tangan**	[granat taŋan]

Sprengstoff (m)	**bahan peledak**	[bahan peleda^ʔ]
Kugel (f)	**peluru**	[peluru]
Patrone (f)	**patrun**	[patrun]
Ladung (f)	**isian**	[isian]
Munition (f)	**amunisi**	[amunisi]
Bomber (m)	**pesawat pengebom**	[pesawat peŋebom]
Kampfflugzeug (n)	**pesawat pemburu**	[pesawat pemburu]
Hubschrauber (m)	**helikopter**	[helikopter]
Flugabwehrkanone (f)	**meriam penangkis serangan udara**	[meriam penaŋkis seraŋan udara]
Panzer (m)	**tank**	[tanʔ]
Panzerkanone (f)	**meriam tank**	[meriam tanʔ]
Artillerie (f)	**artileri**	[artileri]
Kanone (f)	**meriam**	[meriam]
richten (die Waffe)	**mengarahkan**	[məŋarahkan]
Geschoß (n)	**peluru**	[peluru]
Wurfgranate (f)	**peluru mortir**	[peluru mortir]
Granatwerfer (m)	**mortir**	[mortir]
Splitter (m)	**serpihan**	[serpihan]
U-Boot (n)	**kapal selam**	[kapal selam]
Torpedo (m)	**torpedo**	[torpedo]
Rakete (f)	**rudal**	[rudal]
laden (Gewehr)	**mengisi**	[məŋisi]
schießen (vi)	**menembak**	[mənembaʔ]
zielen auf ...	**membidik**	[membidiʔ]
Bajonett (n)	**bayonet**	[bajonet]
Degen (m)	**pedang rapier**	[pedaŋ rapier]
Säbel (m)	**pedang saber**	[pedaŋ saber]
Speer (m)	**lembing**	[lembiŋ]
Bogen (m)	**busur panah**	[busur panah]
Pfeil (m)	**anak panah**	[anaʔ panah]
Muskete (f)	**senapan lantak**	[senapan lantaʔ]
Armbrust (f)	**busur silang**	[busur silaŋ]

157. Menschen der Antike

vorzeitlich	**primitif**	[primitif]
prähistorisch	**prasejarah**	[prasedʒʲarah]
alt (antik)	**kuno**	[kuno]
Steinzeit (f)	**Zaman Batu**	[zaman batu]
Bronzezeit (f)	**Zaman Perunggu**	[zaman pəruŋgu]
Eiszeit (f)	**Zaman Es**	[zaman es]
Stamm (m)	**suku**	[suku]
Kannibale (m)	**kanibal**	[kanibal]
Jäger (m)	**pemburu**	[pemburu]

jagen (vi)	**berburu**	[bərburu]
Mammut (n)	**mamut**	[mamut]
Höhle (f)	**gua**	[gua]
Feuer (n)	**api**	[api]
Lagerfeuer (n)	**api unggun**	[api uŋgun]
Höhlenmalerei (f)	**lukisan gua**	[lukisan gua]
Werkzeug (n)	**alat kerja**	[alat kerʤʲa]
Speer (m)	**tombak**	[tombaˀ]
Steinbeil (n), Steinaxt (f)	**kapak batu**	[kapaˀ batu]
Krieg führen	**berperang**	[bərperaŋ]
domestizieren (vt)	**menjinakkan**	[mənʤinaˀkan]
Idol (n)	**berhala**	[bərhala]
anbeten (vt)	**memuja**	[memuʤʲa]
Aberglaube (m)	**takhayul**	[tahajul]
Brauch (m), Ritus (m)	**upacara**	[upaʧara]
Evolution (f)	**evolusi**	[evolusi]
Entwicklung (f)	**perkembangan**	[pərkembaŋan]
Verschwinden (n)	**kehilangan**	[kehilaŋan]
sich anpassen	**menyesuaikan diri**	[mənjesuajkan diri]
Archäologie (f)	**arkeologi**	[arkeologi]
Archäologe (m)	**arkeolog**	[arkeolog]
archäologisch	**arkeologis**	[arkeologis]
Ausgrabungsstätte (f)	**situs ekskavasi**	[situs ekskavasi]
Ausgrabungen (pl)	**ekskavasi**	[ekskavasi]
Fund (m)	**penemuan**	[penemuan]
Fragment (n)	**fragmen**	[fragmen]

158. Mittelalter

Volk (n)	**rakyat**	[rakjat]
Völker (pl)	**bangsa-bangsa**	[baŋsa-baŋsa]
Stamm (m)	**suku**	[suku]
Stämme (pl)	**suku-suku**	[suku-suku]
Barbaren (pl)	**kaum barbar**	[kaum barbar]
Gallier (pl)	**kaum Gaul**	[kaum gaul]
Goten (pl)	**kaum Goth**	[kaum got]
Slawen (pl)	**kaum Slavia**	[kaum slavia]
Wikinger (pl)	**kaum Viking**	[kaum vikiŋ]
Römer (pl)	**kaum Roma**	[kaum roma]
römisch	**Romawi**	[romawi]
Byzantiner (pl)	**kaum Byzantium**	[kaum bizantium]
Byzanz (n)	**Byzantium**	[bizantium]
byzantinisch	**Byzantium**	[bizantium]
Kaiser (m)	**kaisar**	[kajsar]
Häuptling (m)	**pemimpin**	[pemimpin]

mächtig (Kaiser usw.)	**adikuasa, berkuasa**	[adikuasa], [bərkuasa]
König (m)	**raja**	[radʒʲa]
Herrscher (Monarch)	**penguasa**	[peŋuasa]
Ritter (m)	**ksatria**	[ksatria]
Feudalherr (m)	**tuan**	[tuan]
feudal, Feudal-	**feodal**	[feodal]
Vasall (m)	**vasal**	[vasal]
Herzog (m)	**duke**	[duke]
Graf (m)	**earl**	[earl]
Baron (m)	**baron**	[baron]
Bischof (m)	**uskup**	[uskup]
Rüstung (f)	**baju besi**	[badʒʲu besi]
Schild (m)	**perisai**	[pərisaj]
Schwert (n)	**pedang**	[pedaŋ]
Visier (n)	**visor, topeng besi**	[visor], [topeŋ besi]
Panzerhemd (n)	**baju zirah**	[badʒʲu zirah]
Kreuzzug (m)	**Perang Salib**	[pəraŋ salib]
Kreuzritter (m)	**kaum salib**	[kaum salib]
Territorium (n)	**wilayah**	[wilajah]
einfallen (vt)	**menyerang**	[mənjeraŋ]
erobern (vt)	**menaklukkan**	[mənakluˀkan]
besetzen (Land usw.)	**menduduki**	[mənduduki]
Belagerung (f)	**kepungan**	[kepuŋan]
belagert	**terkepung**	[tərkepuŋ]
belagern (vt)	**mengepung**	[məŋepuŋ]
Inquisition (f)	**inkuisisi**	[inkuisisi]
Inquisitor (m)	**inkuisitor**	[inkuisitor]
Folter (f)	**siksaan**	[siksaˀan]
grausam (-e Folter)	**kejam**	[kedʒʲam]
Häretiker (m)	**penganut bidah**	[peŋanut bidah]
Häresie (f)	**bidah**	[bidah]
Seefahrt (f)	**pelayaran laut**	[pelajaran laut]
Seeräuber (m)	**bajak laut**	[badʒʲaˀ laut]
Seeräuberei (f)	**pembajakan**	[pembadʒʲakan]
Enterung (f)	**serangan terhadap kapal dari dekat**	[seraŋan tərhadap kapal dari dekat]
Beute (f)	**rampasan**	[rampasan]
Schätze (pl)	**harta karun**	[harta karun]
Entdeckung (f)	**penemuan**	[penemuan]
entdecken (vt)	**menemukan**	[mənemukan]
Expedition (f)	**ekspedisi**	[ekspedisi]
Musketier (m)	**musketir**	[musketir]
Kardinal (m)	**kardinal**	[kardinal]
Heraldik (f)	**heraldik**	[heraldiˀ]
heraldisch	**heraldik**	[heraldiˀ]

159. Führungspersonen. Chef. Behörden

König (m)	**raja**	[radʒʲa]
Königin (f)	**ratu**	[ratu]
königlich	**kerajaan, raja**	[keradʒʲaˀan], [radʒʲa]
Königreich (n)	**kerajaan**	[keradʒʲaˀan]
Prinz (m)	**pangeran**	[paŋeran]
Prinzessin (f)	**putri**	[putri]
Präsident (m)	**presiden**	[presiden]
Vizepräsident (m)	**wakil presiden**	[wakil presiden]
Senator (m)	**senator**	[senator]
Monarch (m)	**monark**	[monarˀ]
Herrscher (m)	**penguasa**	[peŋuasa]
Diktator (m)	**diktator**	[diktator]
Tyrann (m)	**tiran**	[tiran]
Magnat (m)	**magnat**	[magnat]
Direktor (m)	**direktur**	[direktur]
Chef (m)	**atasan**	[atasan]
Leiter (einer Abteilung)	**manajer**	[manadʒʲer]
Boss (m)	**bos**	[bos]
Eigentümer (m)	**pemilik**	[pemiliˀ]
Führer (m)	**pemimpin**	[pemimpin]
Leiter (Delegations-)	**kepala**	[kepala]
Behörden (pl)	**pihak berwenang**	[pihaˀ bərwenaŋ]
Vorgesetzten (pl)	**atasan**	[atasan]
Gouverneur (m)	**gabernur**	[gabernur]
Konsul (m)	**konsul**	[konsul]
Diplomat (m)	**diplomat**	[diplomat]
Bürgermeister (m)	**walikota**	[walikota]
Sheriff (m)	**sheriff**	[ʃeriff]
Kaiser (m)	**kaisar**	[kajsar]
Zar (m)	**tsar, raja**	[tsar], [radʒʲa]
Pharao (m)	**firaun**	[firaun]
Khan (m)	**khan**	[han]

160. Gesetzesverstoß Verbrecher. Teil 1

Bandit (m)	**bandit**	[bandit]
Verbrechen (n)	**kejahatan**	[kedʒʲahatan]
Verbrecher (m)	**penjahat**	[pendʒʲahat]
Dieb (m)	**pencuri**	[pentʃuri]
stehlen (vt)	**mencuri**	[məntʃuri]
Diebstahl (m), Stehlen (n)	**pencurian**	[pentʃurian]
kidnappen (vt)	**menculik**	[məntʃuliˀ]
Kidnapping (n)	**penculikan**	[pentʃulikan]

Kidnapper (m)	**penculik**	[pentʃuliʔ]
Lösegeld (n)	**uang tebusan**	[uaŋ tebusan]
Lösegeld verlangen	**menuntut uang tebusan**	[mənuntut uaŋ tebusan]
rauben (vt)	**merampok**	[merampoʔ]
Raub (m)	**perampokan**	[pərampokan]
Räuber (m)	**perampok**	[pərampoʔ]
erpressen (vt)	**memeras**	[memeras]
Erpresser (m)	**pemeras**	[pemeras]
Erpressung (f)	**pemerasan**	[pemerasan]
morden (vt)	**membunuh**	[membunuh]
Mord (m)	**pembunuhan**	[pembunuhan]
Mörder (m)	**pembunuh**	[pembunuh]
Schuss (m)	**tembakan**	[tembakan]
schießen (vt)	**melepaskan**	[melepaskan]
erschießen (vt)	**menembak mati**	[mənembaʔ mati]
feuern (vi)	**menembak**	[mənembaʔ]
Schießerei (f)	**penembakan**	[penembakan]
Vorfall (m)	**insiden, kejadian**	[insiden], [kedʒʲadian]
Schlägerei (f)	**perkelahian**	[pərkelahian]
Hilfe!	**Tolong!**	[toloŋ!]
Opfer (n)	**korban**	[korban]
beschädigen (vt)	**merusak**	[merusaʔ]
Schaden (m)	**kerusakan**	[kerusakan]
Leiche (f)	**jenazah, mayat**	[dʒʲenazah], [majat]
schwer (-es Verbrechen)	**berat**	[berat]
angreifen (vt)	**menyerang**	[mənjeraŋ]
schlagen (vt)	**memukul**	[memukul]
verprügeln (vt)	**memukuli**	[memukuli]
wegnehmen (vt)	**merebut**	[merebut]
erstechen (vt)	**menikam mati**	[mənikam mati]
verstümmeln (vt)	**mencederai**	[mənʧederaj]
verwunden (vt)	**melukai**	[melukaj]
Erpressung (f)	**pemerasan**	[pemerasan]
erpressen (vt)	**memeras**	[memeras]
Erpresser (m)	**pemeras**	[pemeras]
Schutzgelderpressung (f)	**pemerasan**	[pemerasan]
Erpresser (Racketeer)	**pemeras**	[pemeras]
Gangster (m)	**gangster, preman**	[gaŋster], [preman]
Mafia (f)	**mafia**	[mafia]
Taschendieb (m)	**pencopet**	[penʧopet]
Einbrecher (m)	**perampok**	[pərampoʔ]
Schmuggel (m)	**penyelundupan**	[penjelundupan]
Schmuggler (m)	**penyelundup**	[penjelundup]
Fälschung (f)	**pemalsuan**	[pemalsuan]
fälschen (vt)	**memalsukan**	[memalsukan]
gefälscht	**palsu**	[palsu]

161. Gesetzesbruch. Verbrecher. Teil 2

Vergewaltigung (f)	**pemerkosaan**	[pemerkosaʔan]
vergewaltigen (vt)	**memerkosa**	[memerkosa]
Gewalttäter (m)	**pemerkosa**	[pemerkosa]
Besessene (m)	**maniak**	[maniaʔ]
Prostituierte (f)	**pelacur**	[pelatʃur]
Prostitution (f)	**pelacuran**	[pelatʃuran]
Zuhälter (m)	**germo**	[germo]
Drogenabhängiger (m)	**pecandu narkoba**	[petʃandu narkoba]
Drogenhändler (m)	**pengedar narkoba**	[peŋedar narkoba]
sprengen (vt)	**meledakkan**	[meledaʔkan]
Explosion (f)	**ledakan**	[ledakan]
in Brand stecken	**membakar**	[membakar]
Brandstifter (m)	**pelaku pembakaran**	[pelaku pembakaran]
Terrorismus (m)	**terorisme**	[tərorisme]
Terrorist (m)	**teroris**	[təroris]
Geisel (m, f)	**sandera**	[sandera]
betrügen (vt)	**menipu**	[mənipu]
Betrug (m)	**penipuan**	[penipuan]
Betrüger (m)	**penipu**	[penipu]
bestechen (vt)	**menyuap**	[mənyuap]
Bestechlichkeit (f)	**penyuapan**	[penyuapan]
Bestechungsgeld (n)	**uang suap, suapan**	[uaŋ suap], [suapan]
Gift (n)	**racun**	[ratʃun]
vergiften (vt)	**meracuni**	[meratʃuni]
sich vergiften	**meracuni diri sendiri**	[meratʃuni diri sendiri]
Selbstmord (m)	**bunuh diri**	[bunuh diri]
Selbstmörder (m)	**pelaku bunuh diri**	[pelaku bunuh diri]
drohen (vi)	**mengancam**	[məŋantʃam]
Drohung (f)	**ancaman**	[antʃaman]
versuchen (vt)	**melakukan percobaan pembunuhan**	[melakukan pərtʃobaʔan pembunuhan]
Attentat (n)	**percobaan pembunuhan**	[pərtʃobaʔan pembunuhan]
stehlen (Auto ~)	**mencuri**	[məntʃuri]
entführen (Flugzeug ~)	**membajak**	[membadʒʲaʔ]
Rache (f)	**dendam**	[dendam]
sich rächen	**membalas dendam**	[membalas dendam]
foltern (vt)	**menyiksa**	[mənjiksa]
Folter (f)	**siksaan**	[siksaʔan]
quälen (vt)	**menyiksa**	[mənjiksa]
Seeräuber (m)	**bajak laut**	[badʒʲaʔ laut]
Rowdy (m)	**berandal**	[bərandal]

bewaffnet	**bersenjata**	[bərsendʒʲata]
Gewalt (f)	**kekerasan**	[kekerasan]
ungesetzlich	**ilegal**	[ilegal]
Spionage (f)	**spionase**	[spionase]
spionieren (vi)	**memata-matai**	[memata-mataj]

162. Polizei Recht. Teil 1

Justiz (f)	**keadilan**	[keadilan]
Gericht (n)	**pengadilan**	[peŋadilan]
Richter (m)	**hakim**	[hakim]
Geschworenen (pl)	**anggota juri**	[aŋgota dʒʲuri]
Geschworenengericht (n)	**pengadilan juri**	[peŋadilan dʒʲuri]
richten (vt)	**mengadili**	[məŋadili]
Rechtsanwalt (m)	**advokat, pengacara**	[advokat], [peŋatʃara]
Angeklagte (m)	**terdakwa**	[tərdakwa]
Anklagebank (f)	**bangku terdakwa**	[baŋku tərdakwa]
Anklage (f)	**tuduhan**	[tuduhan]
Beschuldigte (m)	**terdakwa**	[tərdakwa]
Urteil (n)	**hukuman**	[hukuman]
verurteilen (vt)	**menjatuhkan hukuman**	[məndʒʲatuhkan hukuman]
Schuldige (m)	**bersalah**	[bərsalah]
bestrafen (vt)	**menghukum**	[məŋhukum]
Strafe (f)	**hukuman**	[hukuman]
Geldstrafe (f)	**denda**	[denda]
lebenslange Haft (f)	**penjara seumur hidup**	[pendʒʲara seumur hidup]
Todesstrafe (f)	**hukuman mati**	[hukuman mati]
elektrischer Stuhl (m)	**kursi listrik**	[kursi listriˀ]
Galgen (m)	**tiang gantungan**	[tiaŋ gantuŋan]
hinrichten (vt)	**menjalankan hukuman mati**	[məndʒʲalankan hukuman mati]
Hinrichtung (f)	**hukuman mati**	[hukuman mati]
Gefängnis (n)	**penjara**	[pendʒʲara]
Zelle (f)	**sel**	[sel]
Eskorte (f)	**pengawal**	[peŋawal]
Gefängniswärter (m)	**sipir, penjaga penjara**	[sipir], [pendʒʲaga pendʒʲara]
Gefangene (m)	**tahanan**	[tahanan]
Handschellen (pl)	**borgol**	[borgol]
Handschellen anlegen	**memborgol**	[memborgol]
Ausbruch (Flucht)	**pelarian**	[pelarian]
ausbrechen (vi)	**melarikan diri**	[melarikan diri]
verschwinden (vi)	**menghilang**	[məŋhilaŋ]

aus ... entlassen	**membebaskan**	[membebaskan]
Amnestie (f)	**amnesti**	[amnesti]
Polizei (f)	**polisi, kepolisian**	[polisi], [kepolisian]
Polizist (m)	**polisi**	[polisi]
Polizeiwache (f)	**kantor polisi**	[kantor polisi]
Gummiknüppel (m)	**pentungan karet**	[pentuŋan karet]
Sprachrohr (n)	**pengeras suara**	[peŋeras suara]
Streifenwagen (m)	**mobil patroli**	[mobil patroli]
Sirene (f)	**sirene**	[sirene]
die Sirene einschalten	**membunyikan sirene**	[membunjikan sirene]
Sirenengeheul (n)	**suara sirene**	[suara sirene]
Tatort (m)	**tempat kejadian perkara**	[tempat kedʒʲadian pərkara]
Zeuge (m)	**saksi**	[saksi]
Freiheit (f)	**kebebasan**	[kebebasan]
Komplize (m)	**kaki tangan**	[kaki taŋan]
verschwinden (vi)	**melarikan diri**	[melarikan diri]
Spur (f)	**jejak**	[dʒʲedʒʲaˀ]

163. Polizei. Recht. Teil 2

Fahndung (f)	**pencarian**	[pentʃarian]
suchen (vt)	**mencari ...**	[məntʃari ...]
Verdacht (m)	**kecurigaan**	[ketʃurigaˀan]
verdächtig (Adj)	**mencurigakan**	[məntʃurigakan]
anhalten (Polizei)	**menghentikan**	[məŋhentikan]
verhaften (vt)	**menahan**	[mənahan]
Fall (m), Klage (f)	**kasus, perkara**	[kasus], [pərkara]
Untersuchung (f)	**investigasi, penyidikan**	[investigasi], [penjidikan]
Detektiv (m)	**detektif**	[detektif]
Ermittlungsrichter (m)	**penyidik**	[penjidiˀ]
Version (f)	**hipotesis**	[hipotesis]
Motiv (n)	**motif**	[motif]
Verhör (n)	**interogasi**	[interogasi]
verhören (vt)	**menginterogasi**	[məŋinterogasi]
vernehmen (vt)	**menanyai**	[mənanjaj]
Kontrolle (Personen-)	**pemeriksaan**	[pemeriksaˀan]
Razzia (f)	**razia**	[razia]
Durchsuchung (f)	**penggeledahan**	[peŋgeledahan]
Verfolgung (f)	**pengejaran, perburuan**	[peŋedʒʲaran], [pərburuan]
nachjagen (vi)	**mengejar**	[məŋedʒʲar]
verfolgen (vt)	**melacak**	[melatʃaˀ]
Verhaftung (f)	**penahanan**	[penahanan]
verhaften (vt)	**menahan**	[mənahan]
fangen (vt)	**menangkap**	[mənaŋkap]
Festnahme (f)	**penangkapan**	[penaŋkapan]
Dokument (n)	**dokumen**	[dokumen]
Beweis (m)	**bukti**	[bukti]

beweisen (vt)	**membuktikan**	[membuktikan]
Fußspur (f)	**jejak**	[dʒʲedʒʲaˀ]
Fingerabdrücke (pl)	**sidik jari**	[sidiˀ dʒʲari]
Beweisstück (n)	**barang bukti**	[baraŋ bukti]
Alibi (n)	**alibi**	[alibi]
unschuldig	**tidak bersalah**	[tidaˀ bərsalah]
Ungerechtigkeit (f)	**ketidakadilan**	[ketidakadilan]
ungerecht	**tidak adil**	[tidaˀ adil]
Kriminal-	**pidana**	[pidana]
beschlagnahmen (vt)	**menyita**	[mənjita]
Droge (f)	**narkoba**	[narkoba]
Waffe (f)	**senjata**	[sendʒʲata]
entwaffnen (vt)	**melucuti**	[melutʃuti]
befehlen (vt)	**memerintahkan**	[memerintahkan]
verschwinden (vi)	**menghilang**	[məŋhilaŋ]
Gesetz (n)	**hukum**	[hukum]
gesetzlich	**sah**	[sah]
ungesetzlich	**tidak sah**	[tidaˀ sah]
Verantwortlichkeit (f)	**tanggung jawab**	[taŋguŋ dʒʲawab]
verantwortlich	**bertanggung jawab**	[bərtaŋguŋ dʒʲawab]

NATUR

Die Erde. Teil 1

164. Weltall

Kosmos (m)	**angkasa**	[aŋkasa]
kosmisch, Raum-	**angkasa**	[aŋkasa]
Weltraum (m)	**ruang angkasa**	[ruaŋ aŋkasa]
All (n)	**dunia**	[dunia]
Universum (n)	**jagat raya**	[ʤʲagat raja]
Galaxie (f)	**galaksi**	[galaksi]
Stern (m)	**bintang**	[bintaŋ]
Gestirn (n)	**gugusan bintang**	[gugusan bintaŋ]
Planet (m)	**planet**	[planet]
Satellit (m)	**satelit**	[satelit]
Meteorit (m)	**meteorit**	[meteorit]
Komet (m)	**komet**	[komet]
Asteroid (m)	**asteroid**	[asteroid]
Umlaufbahn (f)	**orbit**	[orbit]
sich drehen	**berputar**	[bərputar]
Atmosphäre (f)	**atmosfer**	[atmosfer]
Sonne (f)	**matahari**	[matahari]
Sonnensystem (n)	**tata surya**	[tata surja]
Sonnenfinsternis (f)	**gerhana matahari**	[gerhana matahari]
Erde (f)	**Bumi**	[bumi]
Mond (m)	**Bulan**	[bulan]
Mars (m)	**Mars**	[mars]
Venus (f)	**Venus**	[venus]
Jupiter (m)	**Yupiter**	[yupiter]
Saturn (m)	**Saturnus**	[saturnus]
Merkur (m)	**Merkurius**	[merkurius]
Uran (m)	**Uranus**	[uranus]
Neptun (m)	**Neptunus**	[neptunus]
Pluto (m)	**Pluto**	[pluto]
Milchstraße (f)	**Bimasakti**	[bimasakti]
Der Große Bär	**Ursa Major**	[ursa maʤor]
Polarstern (m)	**Bintang Utara**	[bintaŋ utara]
Marsbewohner (m)	**makhluk Mars**	[mahluˀ mars]
Außerirdischer (m)	**makhluk ruang angkasa**	[mahluˀ ruaŋ aŋkasa]

außerirdisches Wesen (n)	**alien, makhluk asing**	[alien], [mahluʔ asiŋ]
fliegende Untertasse (f)	**piring terbang**	[piriŋ tərbaŋ]
Raumschiff (n)	**kapal antariksa**	[kapal antariksa]
Raumstation (f)	**stasiun antariksa**	[stasiun antariksa]
Raketenstart (m)	**peluncuran**	[peluntʃuran]
Triebwerk (n)	**mesin**	[mesin]
Düse (f)	**nosel**	[nosel]
Treibstoff (m)	**bahan bakar**	[bahan bakar]
Kabine (f)	**kokpit**	[kokpit]
Antenne (f)	**antena**	[antena]
Bullauge (n)	**jendela**	[dʒʲendela]
Sonnenbatterie (f)	**sel surya**	[sel surja]
Raumanzug (m)	**pakaian antariksa**	[pakajan antariksa]
Schwerelosigkeit (f)	**keadaan tanpa bobot**	[keadaʔan tanpa bobot]
Sauerstoff (m)	**oksigen**	[oksigen]
Ankopplung (f)	**penggabungan**	[peŋgabuŋan]
koppeln (vi)	**bergabung**	[bərgabuŋ]
Observatorium (n)	**observatorium**	[observatorium]
Teleskop (n)	**teleskop**	[teleskop]
beobachten (vt)	**mengamati**	[məŋamati]
erforschen (vt)	**mengeksplorasi**	[məŋeksplorasi]

165. Die Erde

Erde (f)	**Bumi**	[bumi]
Erdkugel (f)	**bola Bumi**	[bola bumi]
Planet (m)	**planet**	[planet]
Atmosphäre (f)	**atmosfer**	[atmosfer]
Geographie (f)	**geografi**	[geografi]
Natur (f)	**alam**	[alam]
Globus (m)	**globe**	[globe]
Landkarte (f)	**peta**	[peta]
Atlas (m)	**atlas**	[atlas]
Europa (n)	**Eropa**	[eropa]
Asien (n)	**Asia**	[asia]
Afrika (n)	**Afrika**	[afrika]
Australien (n)	**Australia**	[australia]
Amerika (n)	**Amerika**	[amerika]
Nordamerika (n)	**Amerika Utara**	[amerika utara]
Südamerika (n)	**Amerika Selatan**	[amerika selatan]
Antarktis (f)	**Antartika**	[antartika]
Arktis (f)	**Arktika**	[arktika]

166. Himmelsrichtungen

Norden (m)	**utara**	[utara]
nach Norden	**ke utara**	[ke utara]
im Norden	**di utara**	[di utara]
nördlich	**utara**	[utara]
Süden (m)	**selatan**	[selatan]
nach Süden	**ke selatan**	[ke selatan]
im Süden	**di selatan**	[di selatan]
südlich	**selatan**	[selatan]
Westen (m)	**barat**	[barat]
nach Westen	**ke barat**	[ke barat]
im Westen	**di barat**	[di barat]
westlich, West-	**barat**	[barat]
Osten (m)	**timur**	[timur]
nach Osten	**ke timur**	[ke timur]
im Osten	**di timur**	[di timur]
östlich	**timur**	[timur]

167. Meer. Ozean

Meer (n), See (f)	**laut**	[laut]
Ozean (m)	**samudra**	[samudra]
Golf (m)	**teluk**	[teluˀ]
Meerenge (f)	**selat**	[selat]
Festland (n)	**daratan**	[daratan]
Kontinent (m)	**benua**	[benua]
Insel (f)	**pulau**	[pulau]
Halbinsel (f)	**semenanjung, jazirah**	[semenandʒʲuŋ], [dʒʲazirah]
Archipel (m)	**kepulauan**	[kepulauan]
Bucht (f)	**teluk**	[teluˀ]
Hafen (m)	**pelabuhan**	[pelabuhan]
Lagune (f)	**laguna**	[laguna]
Kap (n)	**tanjung**	[tandʒʲuŋ]
Atoll (n)	**pulau karang**	[pulau karaŋ]
Riff (n)	**terumbu**	[tərumbu]
Koralle (f)	**karang**	[karaŋ]
Korallenriff (n)	**terumbu karang**	[tərumbu karaŋ]
tief (Adj)	**dalam**	[dalam]
Tiefe (f)	**kedalaman**	[kedalaman]
Abgrund (m)	**jurang**	[dʒʲuraŋ]
Graben (m)	**palung**	[paluŋ]
Strom (m)	**arus**	[arus]
umspülen (vt)	**berbatasan dengan**	[bərbatasan deŋan]

Ufer (n)	**pantai**	[pantaj]
Küste (f)	**pantai**	[pantaj]
Flut (f)	**air pasang**	[air pasaŋ]
Ebbe (f)	**air surut**	[air surut]
Sandbank (f)	**beting**	[betiŋ]
Boden (m)	**dasar**	[dasar]
Welle (f)	**gelombang**	[gelombaŋ]
Wellenkamm (m)	**puncak gelombang**	[puntʃaˀ gelombaŋ]
Schaum (m)	**busa, buih**	[busa], [buih]
Sturm (m)	**badai**	[badaj]
Orkan (m)	**topan**	[topan]
Tsunami (m)	**tsunami**	[tsunami]
Windstille (f)	**angin tenang**	[aŋin tenaŋ]
ruhig	**tenang**	[tenaŋ]
Pol (m)	**kutub**	[kutub]
Polar-	**kutub**	[kutub]
Breite (f)	**lintang**	[lintaŋ]
Länge (f)	**garis bujur**	[garis budʒʲur]
Breitenkreis (m)	**sejajar**	[sedʒʲadʒʲar]
Äquator (m)	**khatulistiwa**	[hatulistiwa]
Himmel (m)	**langit**	[laŋit]
Horizont (m)	**horizon**	[horizon]
Luft (f)	**udara**	[udara]
Leuchtturm (m)	**mercusuar**	[mertʃusuar]
tauchen (vi)	**menyelam**	[mənjelam]
versinken (vi)	**karam**	[karam]
Schätze (pl)	**harta karun**	[harta karun]

168. Berge

Berg (m)	**gunung**	[gunuŋ]
Gebirgskette (f)	**jajaran gunung**	[dʒʲadʒʲaran gunuŋ]
Bergrücken (m)	**sisir gunung**	[sisir gunuŋ]
Gipfel (m)	**puncak**	[puntʃaˀ]
Spitze (f)	**puncak**	[puntʃaˀ]
Bergfuß (m)	**kaki**	[kaki]
Abhang (m)	**lereng**	[lereŋ]
Vulkan (m)	**gunung api**	[gunuŋ api]
tätiger Vulkan (m)	**gunung api yang aktif**	[gunuŋ api yaŋ aktif]
schlafender Vulkan (m)	**gunung api yang tidak aktif**	[gunuŋ api yaŋ tidaˀ aktif]
Ausbruch (m)	**erupsi, letusan**	[erupsi], [letusan]
Krater (m)	**kawah**	[kawah]
Magma (n)	**magma**	[magma]
Lava (f)	**lava, lahar**	[lava], [lahar]

glühend heiß (-e Lava)	**pijar**	[pidʒʲar]
Cañon (m)	**kanyon**	[kanjon]
Schlucht (f)	**jurang**	[dʒʲuraŋ]
Spalte (f)	**celah**	[tʃelah]
Abgrund (m) (steiler ~)	**jurang**	[dʒʲuraŋ]
Gebirgspass (m)	**pass, celah**	[pass], [tʃelah]
Plateau (n)	**plato, dataran tinggi**	[plato], [dataran tiŋgi]
Fels (m)	**tebing**	[tebiŋ]
Hügel (m)	**bukit**	[bukit]
Gletscher (m)	**gletser**	[gletser]
Wasserfall (m)	**air terjun**	[air tərdʒʲun]
Geiser (m)	**geiser**	[geyser]
See (m)	**danau**	[danau]
Ebene (f)	**dataran**	[dataran]
Landschaft (f)	**landskap**	[landskap]
Echo (n)	**gema**	[gema]
Bergsteiger (m)	**pendaki gunung**	[pendaki gunuŋ]
Kletterer (m)	**pemanjat tebing**	[pemandʒʲat tebiŋ]
bezwingen (vt)	**menaklukkan**	[mənakluʔkan]
Aufstieg (m)	**pendakian**	[pendakian]

169. Flüsse

Fluss (m)	**sungai**	[suŋaj]
Quelle (f)	**mata air**	[mata air]
Flussbett (n)	**badan sungai**	[badan suŋaj]
Stromgebiet (n)	**basin**	[basin]
einmünden in ...	**mengalir ke ...**	[məŋalir ke ...]
Nebenfluss (m)	**anak sungai**	[anaʔ suŋaj]
Ufer (n)	**tebing sungai**	[tebiŋ suŋaj]
Strom (m)	**arus**	[arus]
stromabwärts	**ke hilir**	[ke hilir]
stromaufwärts	**ke hulu**	[ke hulu]
Überschwemmung (f)	**banjir**	[bandʒir]
Hochwasser (n)	**banjir**	[bandʒir]
aus den Ufern treten	**membanjiri**	[membandʒiri]
überfluten (vt)	**membanjiri**	[membandʒiri]
Sandbank (f)	**beting**	[betiŋ]
Stromschnelle (f)	**jeram**	[dʒʲeram]
Damm (m)	**dam, bendungan**	[dam], [benduŋan]
Kanal (m)	**kanal, terusan**	[kanal], [tərusan]
Stausee (m)	**waduk**	[waduʔ]
Schleuse (f)	**pintu air**	[pintu air]
Gewässer (n)	**kolam**	[kolam]
Sumpf (m), Moor (n)	**rawa**	[rawa]

Marsch (f)	**bencah, paya**	[bentʃah], [paja]
Strudel (m)	**pusaran air**	[pusaran air]
Bach (m)	**selokan**	[selokan]
Trink- (z.B. Trinkwasser)	**minum**	[minum]
Süß- (Wasser)	**tawar**	[tawar]
Eis (n)	**es**	[es]
zufrieren (vi)	**membeku**	[membeku]

170. Wald

Wald (m)	**hutan**	[hutan]
Wald-	**hutan**	[hutan]
Dickicht (n)	**hutan lebat**	[hutan lebat]
Gehölz (n)	**hutan kecil**	[hutan ketʃil]
Lichtung (f)	**pembukaan hutan**	[pembukaˀan hutan]
Dickicht (n)	**semak belukar**	[semaˀ belukar]
Gebüsch (n)	**belukar**	[belukar]
Fußweg (m)	**jalan setapak**	[dʒʲalan setapaˀ]
Erosionsrinne (f)	**parit**	[parit]
Baum (m)	**pohon**	[pohon]
Blatt (n)	**daun**	[daun]
Laub (n)	**daun-daunan**	[daun-daunan]
Laubfall (m)	**daun berguguran**	[daun bərguguran]
fallen (Blätter)	**luruh**	[luruh]
Wipfel (m)	**puncak**	[puntʃaˀ]
Zweig (m)	**cabang**	[tʃabaŋ]
Ast (m)	**dahan**	[dahan]
Knospe (f)	**tunas**	[tunas]
Nadel (f)	**daun jarum**	[daun dʒʲarum]
Zapfen (m)	**buah pinus**	[buah pinus]
Höhlung (f)	**lubang pohon**	[lubaŋ pohon]
Nest (n)	**sarang**	[saraŋ]
Höhle (f)	**lubang**	[lubaŋ]
Stamm (m)	**batang**	[bataŋ]
Wurzel (f)	**akar**	[akar]
Rinde (f)	**kulit**	[kulit]
Moos (n)	**lumut**	[lumut]
entwurzeln (vt)	**mencabut**	[məntʃabut]
fällen (vt)	**menebang**	[mənebaŋ]
abholzen (vt)	**deforestasi, penggundulan hutan**	[deforestasi], [peŋgundulan hutan]
Baumstumpf (m)	**tunggul**	[tuŋgul]
Lagerfeuer (n)	**api unggun**	[api uŋgun]

Waldbrand (m)	**kebakaran hutan**	[kebakaran hutan]
löschen (vt)	**memadamkan**	[memadamkan]
Förster (m)	**penjaga hutan**	[pendʒʲaga hutan]
Schutz (m)	**perlindungan**	[pərlinduŋan]
beschützen (vt)	**melindungi**	[melinduŋi]
Wilddieb (m)	**pemburu ilegal**	[pemburu ilegal]
Falle (f)	**perangkap**	[pəraŋkap]
sammeln, pflücken (vt)	**memetik**	[memetiˀ]
sich verirren	**tersesat**	[tərsesat]

171. natürliche Lebensgrundlagen

Naturressourcen (pl)	**sumber daya alam**	[sumber daja alam]
Bodenschätze (pl)	**bahan tambang**	[bahan tambaŋ]
Vorkommen (n)	**endapan**	[endapan]
Feld (Ölfeld usw.)	**ladang**	[ladaŋ]
gewinnen (vt)	**menambang**	[mənambaŋ]
Gewinnung (f)	**pertambangan**	[pərtambaŋan]
Erz (n)	**bijih**	[bidʒih]
Bergwerk (n)	**tambang**	[tambaŋ]
Schacht (m)	**sumur tambang**	[sumur tambaŋ]
Bergarbeiter (m)	**penambang**	[penambaŋ]
Erdgas (n)	**gas**	[gas]
Gasleitung (f)	**pipa saluran gas**	[pipa saluran gas]
Erdöl (n)	**petroleum, minyak**	[petroleum], [minjaˀ]
Erdölleitung (f)	**pipa saluran minyak**	[pipa saluran minjaˀ]
Ölquelle (f)	**sumur minyak**	[sumur minjaˀ]
Bohrturm (m)	**menara bor minyak**	[mənara bor minjaˀ]
Tanker (m)	**kapal tangki**	[kapal taŋki]
Sand (m)	**pasir**	[pasir]
Kalkstein (m)	**batu kapur**	[batu kapur]
Kies (m)	**kerikil**	[kerikil]
Torf (m)	**gambut**	[gambut]
Ton (m)	**tanah liat**	[tanah liat]
Kohle (f)	**arang**	[araŋ]
Eisen (n)	**besi**	[besi]
Gold (n)	**emas**	[emas]
Silber (n)	**perak**	[peraˀ]
Nickel (n)	**nikel**	[nikel]
Kupfer (n)	**tembaga**	[tembaga]
Zink (n)	**seng**	[seŋ]
Mangan (n)	**mangan**	[maŋan]
Quecksilber (n)	**air raksa**	[air raksa]
Blei (n)	**timbal**	[timbal]
Mineral (n)	**mineral**	[mineral]
Kristall (m)	**kristal, hablur**	[kristal], [hablur]

Marmor (m)	**marmer**	[marmer]
Uran (n)	**uranium**	[uranium]

Die Erde. Teil 2

172. Wetter

Wetter (n)	**cuaca**	[ʧuaʧa]
Wetterbericht (m)	**prakiraan cuaca**	[prakiraˀan ʧuaʧa]
Temperatur (f)	**temperatur, suhu**	[temperatur], [suhu]
Thermometer (n)	**termometer**	[tərmometər]
Barometer (n)	**barometer**	[barometer]
feucht	**lembap**	[lembap]
Feuchtigkeit (f)	**kelembapan**	[kelembapan]
Hitze (f)	**panas, gerah**	[panas], [gerah]
glutheiß	**panas terik**	[panas təriˀ]
ist heiß	**panas**	[panas]
ist warm	**hangat**	[haŋat]
warm (Adj)	**hangat**	[haŋat]
ist kalt	**dingin**	[diŋin]
kalt (Adj)	**dingin**	[diŋin]
Sonne (f)	**matahari**	[matahari]
scheinen (vi)	**bersinar**	[bərsinar]
sonnig (Adj)	**cerah**	[ʧerah]
aufgehen (vi)	**terbit**	[terbit]
untergehen (vi)	**terbenam**	[tərbenam]
Wolke (f)	**awan**	[awan]
bewölkt, wolkig	**berawan**	[bərawan]
Regenwolke (f)	**awan mendung**	[awan menduŋ]
trüb (-er Tag)	**mendung**	[menduŋ]
Regen (m)	**hujan**	[huʤʲan]
Es regnet	**hujan turun**	[huʤʲan turun]
regnerisch (-er Tag)	**hujan**	[huʤʲan]
nieseln (vi)	**gerimis**	[gerimis]
strömender Regen (m)	**hujan lebat**	[huʤʲan lebat]
Regenschauer (m)	**hujan lebat**	[huʤʲan lebat]
stark (-er Regen)	**lebat**	[lebat]
Pfütze (f)	**kubangan**	[kubaŋan]
nass werden (vi)	**kehujanan**	[kehuʤʲanan]
Nebel (m)	**kabut**	[kabut]
neblig (-er Tag)	**berkabut**	[bərkabut]
Schnee (m)	**salju**	[salʤʲu]
Es schneit	**turun salju**	[turun salʤʲu]

173. Unwetter Naturkatastrophen

Gewitter (n)	**hujan badai**	[huʤʲan badaj]
Blitz (m)	**kilat**	[kilat]
blitzen (vi)	**berkilau**	[bərkilau]
Donner (m)	**petir**	[petir]
donnern (vi)	**bergemuruh**	[bərgemuruh]
Es donnert	**bergemuruh**	[bərgemuruh]
Hagel (m)	**hujan es**	[huʤʲan es]
Es hagelt	**hujan es**	[huʤʲan es]
überfluten (vt)	**membanjiri**	[membanʤiri]
Überschwemmung (f)	**banjir**	[banʤir]
Erdbeben (n)	**gempa bumi**	[gempa bumi]
Erschütterung (f)	**gempa**	[gempa]
Epizentrum (n)	**episentrum**	[episentrum]
Ausbruch (m)	**erupsi, letusan**	[erupsi], [letusan]
Lava (f)	**lava, lahar**	[lava], [lahar]
Wirbelsturm (m)	**puting beliung**	[putiŋ beliuŋ]
Tornado (m)	**tornado**	[tornado]
Taifun (m)	**topan**	[topan]
Orkan (m)	**topan**	[topan]
Sturm (m)	**badai**	[badaj]
Tsunami (m)	**tsunami**	[tsunami]
Zyklon (m)	**siklon**	[siklon]
Unwetter (n)	**cuaca buruk**	[ʧuaʧa buruˀ]
Brand (m)	**kebakaran**	[kebakaran]
Katastrophe (f)	**bencana**	[benʧana]
Meteorit (m)	**meteorit**	[meteorit]
Lawine (f)	**longsor**	[loŋsor]
Schneelawine (f)	**salju longsor**	[salʤʲu loŋsor]
Schneegestöber (n)	**badai salju**	[badaj salʤʲu]
Schneesturm (m)	**badai salju**	[badaj salʤʲu]

Fauna

174. Säugetiere. Raubtiere

Raubtier (n)	**predator, pemangsa**	[predator], [pemaŋsa]
Tiger (m)	**harimau**	[harimau]
Löwe (m)	**singa**	[siŋa]
Wolf (m)	**serigala**	[serigala]
Fuchs (m)	**rubah**	[rubah]
Jaguar (m)	**jaguar**	[ʤʲaguar]
Leopard (m)	**leopard, macan tutul**	[leopard], [maʧan tutul]
Gepard (m)	**cheetah**	[ʧeetah]
Panther (m)	**harimau kumbang**	[harimau kumbaŋ]
Puma (m)	**singa gunung**	[siŋa gunuŋ]
Schneeleopard (m)	**harimau bintang salju**	[harimau bintaŋ salʤʲu]
Luchs (m)	**lynx**	[links]
Kojote (m)	**koyote**	[koyot]
Schakal (m)	**jakal**	[ʤʲakal]
Hyäne (f)	**hiena**	[hiena]

175. Tiere in freier Wildbahn

Tier (n)	**binatang**	[binataŋ]
Bestie (f)	**binatang buas**	[binataŋ buas]
Eichhörnchen (n)	**bajing**	[baʤiŋ]
Igel (m)	**landak susu**	[landaˀ susu]
Hase (m)	**terwelu**	[tərwelu]
Kaninchen (n)	**kelinci**	[kelinʧi]
Dachs (m)	**luak**	[luaˀ]
Waschbär (m)	**rakun**	[rakun]
Hamster (m)	**hamster**	[hamster]
Murmeltier (n)	**marmut**	[marmut]
Maulwurf (m)	**tikus mondok**	[tikus mondoˀ]
Maus (f)	**tikus**	[tikus]
Ratte (f)	**tikus besar**	[tikus besar]
Fledermaus (f)	**kelelawar**	[kelelawar]
Hermelin (n)	**ermin**	[ermin]
Zobel (m)	**sabel**	[sabel]
Marder (m)	**marten**	[marten]
Wiesel (n)	**musang**	[musaŋ]
Nerz (m)	**cerpelai**	[ʧerpelaj]

Biber (m)	**beaver**	[beaver]
Fischotter (m)	**berang-berang**	[bəraŋ-bəraŋ]
Pferd (n)	**kuda**	[kuda]
Elch (m)	**rusa besar**	[rusa besar]
Hirsch (m)	**rusa**	[rusa]
Kamel (n)	**unta**	[unta]
Bison (m)	**bison**	[bison]
Wisent (m)	**aurochs**	[oroks]
Büffel (m)	**kerbau**	[kerbau]
Zebra (n)	**kuda belang**	[kuda belaŋ]
Antilope (f)	**antelop**	[antelop]
Reh (n)	**kijang**	[kidʒʲaŋ]
Damhirsch (m)	**rusa**	[rusa]
Gämse (f)	**chamois**	[ʃemva]
Wildschwein (n)	**babi hutan jantan**	[babi hutan dʒʲantan]
Wal (m)	**ikan paus**	[ikan paus]
Seehund (m)	**anjing laut**	[andʒiŋ laut]
Walroß (n)	**walrus**	[walrus]
Seebär (m)	**anjing laut berbulu**	[andʒiŋ laut bərbulu]
Delfin (m)	**lumba-lumba**	[lumba-lumba]
Bär (m)	**beruang**	[bəruaŋ]
Eisbär (m)	**beruang kutub**	[bəruaŋ kutub]
Panda (m)	**panda**	[panda]
Affe (m)	**monyet**	[monjet]
Schimpanse (m)	**simpanse**	[simpanse]
Orang-Utan (m)	**orang utan**	[oraŋ utan]
Gorilla (m)	**gorila**	[gorila]
Makak (m)	**kera**	[kera]
Gibbon (m)	**siamang, ungka**	[siamaŋ], [uŋka]
Elefant (m)	**gajah**	[gadʒʲah]
Nashorn (n)	**badak**	[badaˀ]
Giraffe (f)	**jerapah**	[dʒʲerapah]
Flusspferd (n)	**kuda nil**	[kuda nil]
Känguru (n)	**kanguru**	[kaŋuru]
Koala (m)	**koala**	[koala]
Manguste (f)	**garangan**	[garaŋan]
Chinchilla (n)	**chinchilla**	[tʃintʃilla]
Stinktier (n)	**sigung**	[siguŋ]
Stachelschwein (n)	**landak**	[landaˀ]

176. Haustiere

Katze (f)	**kucing betina**	[kutʃiŋ betina]
Kater (m)	**kucing jantan**	[kutʃiŋ dʒʲantan]
Hund (m)	**anjing**	[andʒiŋ]

Pferd (n)	**kuda**	[kuda]
Hengst (m)	**kuda jantan**	[kuda dʒʲantan]
Stute (f)	**kuda betina**	[kuda betina]
Kuh (f)	**sapi**	[sapi]
Stier (m)	**sapi jantan**	[sapi dʒʲantan]
Ochse (m)	**lembu jantan**	[lembu dʒʲantan]
Schaf (n)	**domba**	[domba]
Widder (m)	**domba jantan**	[domba dʒʲantan]
Ziege (f)	**kambing betina**	[kambiŋ betina]
Ziegenbock (m)	**kambing jantan**	[kambiŋ dʒʲantan]
Esel (m)	**keledai**	[keledaj]
Maultier (n)	**bagal**	[bagal]
Schwein (n)	**babi**	[babi]
Ferkel (n)	**anak babi**	[anaˀ babi]
Kaninchen (n)	**kelinci**	[kelintʃi]
Huhn (n)	**ayam betina**	[ajam betina]
Hahn (m)	**ayam jago**	[ajam dʒʲago]
Ente (f)	**bebek**	[bebeˀ]
Enterich (m)	**bebek jantan**	[bebeˀ dʒʲantan]
Gans (f)	**angsa**	[aŋsa]
Puter (m)	**kalkun jantan**	[kalkun dʒʲantan]
Pute (f)	**kalkun betina**	[kalkun betina]
Haustiere (pl)	**binatang piaraan**	[binataŋ piaraˀan]
zahm	**jinak**	[dʒinaˀ]
zähmen (vt)	**menjinakkan**	[məndʒinaˀkan]
züchten (vt)	**membiakkan**	[membiaˀkan]
Farm (f)	**peternakan**	[peternakan]
Geflügel (n)	**unggas**	[uŋgas]
Vieh (n)	**ternak**	[ternaˀ]
Herde (f)	**kawanan**	[kawanan]
Pferdestall (m)	**kandang kuda**	[kandaŋ kuda]
Schweinestall (m)	**kandang babi**	[kandaŋ babi]
Kuhstall (m)	**kandang sapi**	[kandaŋ sapi]
Kaninchenstall (m)	**sangkar kelinci**	[saŋkar kelintʃi]
Hühnerstall (m)	**kandang ayam**	[kandaŋ ajam]

177. Hunde. Hunderassen

Hund (m)	**anjing**	[andʒiŋ]
Schäferhund (m)	**anjing gembala**	[andʒiŋ gembala]
Deutsche Schäferhund (m)	**anjing gembala jerman**	[andʒiŋ gembala dʒʲerman]
Pudel (m)	**pudel**	[pudel]
Dachshund (m)	**anjing tekel**	[andʒiŋ tekel]
Bulldogge (f)	**buldog**	[buldog]

Boxer (m)	**boxer**	[bokser]
Mastiff (m)	**Mastiff**	[mastiff]
Rottweiler (m)	**Rottweiler**	[rotweyler]
Dobermann (m)	**Doberman**	[doberman]
Basset (m)	**Basset**	[basset]
Bobtail (m)	**bobtail**	[bobteyl]
Dalmatiner (m)	**Dalmatian**	[dalmatian]
Cocker-Spaniel (m)	**Cocker Spaniel**	[koker spaniel]
Neufundländer (m)	**Newfoundland**	[njufaundland]
Bernhardiner (m)	**Saint Bernard**	[sen bərnar]
Eskimohund (m)	**Husky**	[haski]
Chow-Chow (m)	**Chow Chow**	[ʧau ʧau]
Spitz (m)	**Spitz**	[spits]
Mops (m)	**Pug**	[pag]

178. Tierlaute

Gebell (n)	**salak**	[salaˀ]
bellen (vi)	**menyalak**	[mənjalaˀ]
miauen (vi)	**mengeong**	[məŋeoŋ]
schnurren (Katze)	**mendengkur**	[məndeŋkur]
muhen (vi)	**melenguh**	[meleŋuh]
brüllen (Stier)	**menguak**	[meŋuaˀ]
knurren (Hund usw.)	**menggeram**	[məŋgeram]
Heulen (n)	**auman**	[auman]
heulen (vi)	**mengaum**	[məŋaum]
winseln (vi)	**merengek**	[mereŋeˀ]
meckern (Ziege)	**mengembik**	[məŋembiˀ]
grunzen (vi)	**menguik**	[meŋuiˀ]
kreischen (vi)	**memekik**	[memekiˀ]
quaken (vi)	**berdengkang**	[bərdeŋkaŋ]
summen (Insekt)	**mendengung**	[məndeŋuŋ]
zirpen (vi)	**mencicit**	[mənʧiʧit]

179. Vögel

Vogel (m)	**burung**	[buruŋ]
Taube (f)	**burung dara**	[buruŋ dara]
Spatz (m)	**burung gereja**	[buruŋ gereʤʲa]
Meise (f)	**burung tit**	[buruŋ tit]
Elster (f)	**burung murai**	[buruŋ muraj]
Rabe (m)	**burung raven**	[buruŋ raven]
Krähe (f)	**burung gagak**	[buruŋ gagaˀ]
Dohle (f)	**burung gagak kecil**	[buruŋ gagaˀ keʧil]

Saatkrähe (f)	**burung rook**	[buruŋ rooˀ]
Ente (f)	**bebek**	[bebeˀ]
Gans (f)	**angsa**	[aŋsa]
Fasan (m)	**burung kuau**	[buruŋ kuau]
Adler (m)	**rajawali**	[radʒʲawali]
Habicht (m)	**elang**	[elaŋ]
Falke (m)	**alap-alap**	[alap-alap]
Greif (m)	**hering**	[heriŋ]
Kondor (m)	**kondor**	[kondor]
Schwan (m)	**angsa**	[aŋsa]
Kranich (m)	**burung jenjang**	[buruŋ dʒʲendʒʲaŋ]
Storch (m)	**bangau**	[baŋau]
Papagei (m)	**burung nuri**	[buruŋ nuri]
Kolibri (m)	**burung kolibri**	[buruŋ kolibri]
Pfau (m)	**burung merak**	[buruŋ meraˀ]
Strauß (m)	**burung unta**	[buruŋ unta]
Reiher (m)	**kuntul**	[kuntul]
Flamingo (m)	**burung flamingo**	[buruŋ flamiŋo]
Pelikan (m)	**pelikan**	[pelikan]
Nachtigall (f)	**burung bulbul**	[buruŋ bulbul]
Schwalbe (f)	**burung walet**	[buruŋ walet]
Drossel (f)	**burung jalak**	[buruŋ dʒʲalaˀ]
Singdrossel (f)	**burung jalak suren**	[buruŋ dʒʲalaˀ suren]
Amsel (f)	**burung jalak hitam**	[buruŋ dʒʲalaˀ hitam]
Segler (m)	**burung apus-apus**	[buruŋ apus-apus]
Lerche (f)	**burung lark**	[buruŋ larˀ]
Wachtel (f)	**burung puyuh**	[buruŋ puyuh]
Specht (m)	**burung pelatuk**	[buruŋ pelatuˀ]
Kuckuck (m)	**burung kukuk**	[buruŋ kukuˀ]
Eule (f)	**burung hantu**	[buruŋ hantu]
Uhu (m)	**burung hantu bertanduk**	[buruŋ hantu bərtanduˀ]
Auerhahn (m)	**burung murai kayu**	[buruŋ muraj kaju]
Birkhahn (m)	**burung belibis hitam**	[buruŋ belibis hitam]
Rebhuhn (n)	**ayam hutan**	[ajam hutan]
Star (m)	**burung starling**	[buruŋ starliŋ]
Kanarienvogel (m)	**burung kenari**	[buruŋ kenari]
Haselhuhn (n)	**ayam hutan hazel**	[ajam hutan hazel]
Buchfink (m)	**burung chaffinch**	[buruŋ ʧaffinʧ]
Gimpel (m)	**burung bullfinch**	[buruŋ bullfinʧ]
Möwe (f)	**burung camar**	[buruŋ ʧamar]
Albatros (m)	**albatros**	[albatros]
Pinguin (m)	**penguin**	[peŋuin]

180. Vögel. Gesang und Laute

singen (vt)	**menyanyi**	[mənjanji]
schreien (vi)	**berteriak**	[bərteriaˀ]
kikeriki schreien	**berkokok**	[bərkokoˀ]
kikeriki	**kukuruyuk**	[kukuruyuˀ]
gackern (vi)	**berkotek**	[bərkoteˀ]
krächzen (vi)	**berkaok-kaok**	[berkaoˀ-kaoˀ]
schnattern (Ente)	**meleter**	[meleter]
piepsen (vi)	**berdecit**	[bərdeʧit]
zwitschern (vi)	**berkicau**	[bərkiʧau]

181. Fische. Meerestiere

Brachse (f)	**ikan bream**	[ikan bream]
Karpfen (m)	**ikan karper**	[ikan karper]
Barsch (m)	**ikan tilapia**	[ikan tilapia]
Wels (m)	**lais junggang**	[lajs ʤʲuŋgaŋ]
Hecht (m)	**ikan pike**	[ikan paik]
Lachs (m)	**salmon**	[salmon]
Stör (m)	**ikan sturgeon**	[ikan sturʤʲen]
Hering (m)	**ikan haring**	[ikan hariŋ]
atlantische Lachs (m)	**ikan salem**	[ikan salem]
Makrele (f)	**ikan kembung**	[ikan kembuŋ]
Scholle (f)	**ikan sebelah**	[ikan sebelah]
Zander (m)	**ikan seligi tenggeran**	[ikan seligi teŋgeran]
Dorsch (m)	**ikan kod**	[ikan kod]
Tunfisch (m)	**tuna**	[tuna]
Forelle (f)	**ikan forel**	[ikan forel]
Aal (m)	**belut**	[belut]
Zitterrochen (m)	**ikan pari listrik**	[ikan pari listriˀ]
Muräne (f)	**belut moray**	[belut morey]
Piranha (m)	**ikan piranha**	[ikan piranha]
Hai (m)	**ikan hiu**	[ikan hiu]
Delfin (m)	**lumba-lumba**	[lumba-lumba]
Wal (m)	**ikan paus**	[ikan paus]
Krabbe (f)	**kepiting**	[kepitiŋ]
Meduse (f)	**ubur-ubur**	[ubur-ubur]
Krake (m)	**gurita**	[gurita]
Seestern (m)	**bintang laut**	[bintaŋ laut]
Seeigel (m)	**landak laut**	[landaˀ laut]
Seepferdchen (n)	**kuda laut**	[kuda laut]
Auster (f)	**tiram**	[tiram]
Garnele (f)	**udang**	[udaŋ]

Hummer (m)	**udang karang**	[udaŋ karaŋ]
Languste (f)	**lobster berduri**	[lobster bərduri]

182. Amphibien Reptilien

Schlange (f)	**ular**	[ular]
Gift-, giftig	**berbisa**	[bərbisa]
Viper (f)	**ular viper**	[ular viper]
Kobra (f)	**kobra**	[kobra]
Python (m)	**ular sanca**	[ular santʃa]
Boa (f)	**ular boa**	[ular boa]
Ringelnatter (f)	**ular tanah**	[ular tanah]
Klapperschlange (f)	**ular derik**	[ular deriˀ]
Anakonda (f)	**ular anakonda**	[ular anakonda]
Eidechse (f)	**kadal**	[kadal]
Leguan (m)	**iguana**	[iguana]
Waran (m)	**biawak**	[biawaˀ]
Salamander (m)	**salamander**	[salamander]
Chamäleon (n)	**bunglon**	[buŋlon]
Skorpion (m)	**kalajengking**	[kaladʒʲeŋkiŋ]
Schildkröte (f)	**kura-kura**	[kura-kura]
Frosch (m)	**katak**	[kataˀ]
Kröte (f)	**kodok**	[kodoˀ]
Krokodil (n)	**buaya**	[buaja]

183. Insekten

Insekt (n)	**serangga**	[seraŋga]
Schmetterling (m)	**kupu-kupu**	[kupu-kupu]
Ameise (f)	**semut**	[semut]
Fliege (f)	**lalat**	[lalat]
Mücke (f)	**nyamuk**	[njamuˀ]
Käfer (m)	**kumbang**	[kumbaŋ]
Wespe (f)	**tawon**	[tawon]
Biene (f)	**lebah**	[lebah]
Hummel (f)	**kumbang**	[kumbaŋ]
Bremse (f)	**lalat kerbau**	[lalat kerbau]
Spinne (f)	**laba-laba**	[laba-laba]
Spinnennetz (n)	**sarang laba-laba**	[saraŋ laba-laba]
Libelle (f)	**capung**	[tʃapuŋ]
Grashüpfer (m)	**belalang**	[belalaŋ]
Schmetterling (m)	**ngengat**	[ŋeŋat]
Schabe (f)	**kecoa**	[ketʃoa]
Zecke (f)	**kutu**	[kutu]

Floh (m)	**kutu loncat**	[kutu lontʃat]
Kriebelmücke (f)	**agas**	[agas]
Heuschrecke (f)	**belalang**	[belalaŋ]
Schnecke (f)	**siput**	[siput]
Heimchen (n)	**jangkrik**	[dʒʲaŋkriˀ]
Leuchtkäfer (m)	**kunang-kunang**	[kunaŋ-kunaŋ]
Marienkäfer (m)	**kumbang koksi**	[kumbaŋ koksi]
Maikäfer (m)	**kumbang Cockchafer**	[kumbaŋ kokʃafer]
Blutegel (m)	**lintah**	[lintah]
Raupe (f)	**ulat**	[ulat]
Wurm (m)	**cacing**	[tʃatʃiŋ]
Larve (f)	**larva**	[larva]

184. Tiere. Körperteile

Schnabel (m)	**paruh**	[paruh]
Flügel (pl)	**sayap**	[sajap]
Fuß (m)	**kaki**	[kaki]
Gefieder (n)	**bulu-bulu**	[bulu-bulu]
Feder (f)	**bulu**	[bulu]
Haube (f)	**jambul**	[dʒʲambul]
Kiemen (pl)	**insang**	[insaŋ]
Laich (m)	**telur ikan**	[telur ikan]
Larve (f)	**larva**	[larva]
Flosse (f)	**sirip**	[sirip]
Schuppe (f)	**sisik**	[sisiˀ]
Stoßzahn (m)	**taring**	[tariŋ]
Pfote (f)	**kaki**	[kaki]
Schnauze (f)	**moncong**	[montʃoŋ]
Rachen (m)	**mulut**	[mulut]
Schwanz (m)	**ekor**	[ekor]
Barthaar (n)	**kumis**	[kumis]
Huf (m)	**tapak, kuku**	[tapak], [kuku]
Horn (n)	**tanduk**	[tanduˀ]
Panzer (m)	**cangkang**	[tʃaŋkaŋ]
Muschel (f)	**kerang**	[keraŋ]
Schale (f)	**kulit telur**	[kulit telur]
Fell (n)	**bulu**	[bulu]
Haut (f)	**kulit**	[kulit]

185. Tiere. Lebensräume

Lebensraum (f)	**habitat**	[habitat]
Wanderung (f)	**migrasi**	[migrasi]
Berg (m)	**gunung**	[gunuŋ]

Riff (n)	**terumbu**	[tərumbu]
Fels (m)	**tebing**	[tebiŋ]
Wald (m)	**hutan**	[hutan]
Dschungel (m, n)	**rimba**	[rimba]
Savanne (f)	**sabana**	[sabana]
Tundra (f)	**tundra**	[tundra]
Steppe (f)	**stepa**	[stepa]
Wüste (f)	**gurun**	[gurun]
Oase (f)	**oasis, oase**	[oasis], [oase]
Meer (n), See (f)	**laut**	[laut]
See (m)	**danau**	[danau]
Ozean (m)	**samudra**	[samudra]
Sumpf (m)	**rawa**	[rawa]
Süßwasser-	**air tawar**	[air tawar]
Teich (m)	**kolam**	[kolam]
Fluss (m)	**sungai**	[suŋaj]
Höhle (f), Bau (m)	**goa**	[goa]
Nest (n)	**sarang**	[saraŋ]
Höhlung (f)	**lubang pohon**	[lubaŋ pohon]
Loch (z.B. Wurmloch)	**lubang**	[lubaŋ]
Ameisenhaufen (m)	**sarang semut**	[saraŋ semut]

Flora

186. Bäume

Baum (m)	**pohon**	[pohon]
Laub-	**daun luruh**	[daun luruh]
Nadel-	**pohon jarum**	[pohon dʒʲarum]
immergrün	**selalu hijau**	[selalu hidʒʲau]
Apfelbaum (m)	**pohon apel**	[pohon apel]
Birnbaum (m)	**pohon pir**	[pohon pir]
Süßkirschbaum (m)	**pohon ceri manis**	[pohon ʧeri manis]
Sauerkirschbaum (m)	**pohon ceri asam**	[pohon ʧeri asam]
Pflaumenbaum (m)	**pohon plum**	[pohon plum]
Birke (f)	**pohon berk**	[pohon bərˀ]
Eiche (f)	**pohon eik**	[pohon eiˀ]
Linde (f)	**pohon linden**	[pohon linden]
Espe (f)	**pohon aspen**	[pohon aspen]
Ahorn (m)	**pohon mapel**	[pohon mapel]
Fichte (f)	**pohon den**	[pohon den]
Kiefer (f)	**pohon pinus**	[pohon pinus]
Lärche (f)	**pohon larch**	[pohon larʧ]
Tanne (f)	**pohon fir**	[pohon fir]
Zeder (f)	**pohon aras**	[pohon aras]
Pappel (f)	**pohon poplar**	[pohon poplar]
Vogelbeerbaum (m)	**pohon rowan**	[pohon rowan]
Weide (f)	**pohon dedalu**	[pohon dedalu]
Erle (f)	**pohon alder**	[pohon alder]
Buche (f)	**pohon nothofagus**	[pohon notofagus]
Ulme (f)	**pohon elm**	[pohon elm]
Esche (f)	**pohon abu**	[pohon abu]
Kastanie (f)	**kastanye**	[kastanje]
Magnolie (f)	**magnolia**	[magnolia]
Palme (f)	**palem**	[palem]
Zypresse (f)	**pokok cipres**	[pokoˀ sipres]
Mangrovenbaum (m)	**bakau**	[bakau]
Baobab (m)	**baobab**	[baobab]
Eukalyptus (m)	**kayu putih**	[kaju putih]
Mammutbaum (m)	**sequoia**	[sekuoia]

187. Büsche

Strauch (m)	**rumpun**	[rumpun]
Gebüsch (n)	**semak**	[semaˀ]

Weinstock (m)	**pohon anggur**	[pohon aŋgur]
Weinberg (m)	**kebun anggur**	[kebun aŋgur]
Himbeerstrauch (m)	**pohon frambus**	[pohon frambus]
schwarze Johannisbeere (f)	**pohon blackcurrant**	[pohon bleˀkaren]
rote Johannisbeere (f)	**pohon redcurrant**	[pohon redkaren]
Stachelbeerstrauch (m)	**pohon arbei hijau**	[pohon arbei hidʒʲau]
Akazie (f)	**pohon akasia**	[pohon akasia]
Berberitze (f)	**pohon barberis**	[pohon barberis]
Jasmin (m)	**melati**	[melati]
Wacholder (m)	**pohon juniper**	[pohon dʒʲuniper]
Rosenstrauch (m)	**pohon mawar**	[pohon mawar]
Heckenrose (f)	**pohon mawar liar**	[pohon mawar liar]

188. Pilze

Pilz (m)	**jamur**	[dʒʲamur]
essbarer Pilz (m)	**jamur makanan**	[dʒʲamur makanan]
Giftpilz (m)	**jamur beracun**	[dʒʲamur bəratʃun]
Hut (m)	**kepala jamur**	[kepala dʒʲamur]
Stiel (m)	**batang jamur**	[bataŋ dʒʲamur]
Steinpilz (m)	**jamur boletus**	[dʒʲamur boletus]
Rotkappe (f)	**jamur topi jingga**	[dʒʲamur topi dʒiŋga]
Birkenpilz (m)	**jamur boletus berk**	[dʒʲamur boletus bərˀ]
Pfifferling (m)	**jamur chanterelle**	[dʒʲamur tʃanterelle]
Täubling (m)	**jamur rusula**	[dʒʲamur rusula]
Morchel (f)	**jamur morel**	[dʒʲamur morel]
Fliegenpilz (m)	**jamur Amanita muscaria**	[dʒʲamur amanita mustʃaria]
Grüner Knollenblätterpilz	**jamur topi kematian**	[dʒʲamur topi kematian]

189. Obst. Beeren

Frucht (f)	**buah**	[buah]
Früchte (pl)	**buah-buahan**	[buah-buahan]
Apfel (m)	**apel**	[apel]
Birne (f)	**pir**	[pir]
Pflaume (f)	**plum**	[plum]
Erdbeere (f)	**stroberi**	[stroberi]
Sauerkirsche (f)	**buah ceri asam**	[buah tʃeri asam]
Süßkirsche (f)	**buah ceri manis**	[buah tʃeri manis]
Weintrauben (pl)	**buah anggur**	[buah aŋgur]
Himbeere (f)	**buah frambus**	[buah frambus]
schwarze Johannisbeere (f)	**blackcurrant**	[bleˀkaren]
rote Johannisbeere (f)	**redcurrant**	[redkaren]
Stachelbeere (f)	**buah arbei hijau**	[buah arbei hidʒʲau]

Moosbeere (f)	**buah kranberi**	[buah kranberi]
Apfelsine (f)	**jeruk manis**	[dʒʲeruʾ manis]
Mandarine (f)	**jeruk mandarin**	[dʒʲeruʾ mandarin]
Ananas (f)	**nanas**	[nanas]
Banane (f)	**pisang**	[pisaŋ]
Dattel (f)	**buah kurma**	[buah kurma]
Zitrone (f)	**jeruk sitrun**	[dʒʲeruʾ sitrun]
Aprikose (f)	**aprikot**	[aprikot]
Pfirsich (m)	**persik**	[persiʾ]
Kiwi (f)	**kiwi**	[kiwi]
Grapefruit (f)	**jeruk Bali**	[dʒʲeruʾ bali]
Beere (f)	**buah beri**	[buah bəri]
Beeren (pl)	**buah-buah beri**	[buah-buah bəri]
Preiselbeere (f)	**buah cowberry**	[buah kowberi]
Walderdbeere (f)	**stroberi liar**	[stroberi liar]
Heidelbeere (f)	**buah bilberi**	[buah bilberi]

190. Blumen. Pflanzen

Blume (f)	**bunga**	[buŋa]
Blumenstrauß (m)	**buket**	[buket]
Rose (f)	**mawar**	[mawar]
Tulpe (f)	**tulip**	[tulip]
Nelke (f)	**bunga anyelir**	[buŋa anjelir]
Gladiole (f)	**bunga gladiol**	[buŋa gladiol]
Kornblume (f)	**cornflower**	[kornflawa]
Glockenblume (f)	**bunga lonceng biru**	[buŋa lontʃeŋ biru]
Löwenzahn (m)	**dandelion**	[dandelion]
Kamille (f)	**bunga margrit**	[buŋa margrit]
Aloe (f)	**lidah buaya**	[lidah buaja]
Kaktus (m)	**kaktus**	[kaktus]
Gummibaum (m)	**pohon ara**	[pohon ara]
Lilie (f)	**bunga lili**	[buŋa lili]
Geranie (f)	**geranium**	[geranium]
Hyazinthe (f)	**bunga bakung lembayung**	[buŋa bakuŋ lembajuŋ]
Mimose (f)	**putri malu**	[putri malu]
Narzisse (f)	**bunga narsis**	[buŋa narsis]
Kapuzinerkresse (f)	**bunga nasturtium**	[buŋa nasturtium]
Orchidee (f)	**anggrek**	[aŋgreʾ]
Pfingstrose (f)	**bunga peoni**	[buŋa peoni]
Veilchen (n)	**bunga violet**	[buŋa violet]
Stiefmütterchen (n)	**bunga pansy**	[buŋa pansi]
Vergissmeinnicht (n)	**bunga jangan-lupakan-daku**	[buŋa dʒʲaŋan-lupakan-daku]
Gänseblümchen (n)	**bunga desi**	[buŋa desi]

Mohn (m)	**bunga madat**	[buŋa madat]
Hanf (m)	**rami**	[rami]
Minze (f)	**mint**	[min]
Maiglöckchen (n)	**lili lembah**	[lili lembah]
Schneeglöckchen (n)	**bunga tetesan salju**	[buŋa tetesan saldʒʲu]
Brennnessel (f)	**jelatang**	[dʒʲelataŋ]
Sauerampfer (m)	**daun sorrel**	[daun sorrel]
Seerose (f)	**lili air**	[lili air]
Farn (m)	**pakis**	[pakis]
Flechte (f)	**lichen**	[litʃen]
Gewächshaus (n)	**rumah kaca**	[rumah katʃa]
Rasen (m)	**halaman berumput**	[halaman bərumput]
Blumenbeet (n)	**bedeng bunga**	[bedeŋ buŋa]
Pflanze (f)	**tumbuhan**	[tumbuhan]
Gras (n)	**rumput**	[rumput]
Grashalm (m)	**sehelai rumput**	[sehelaj rumput]
Blatt (n)	**daun**	[daun]
Blütenblatt (n)	**kelopak**	[kelopaˀ]
Stiel (m)	**batang**	[bataŋ]
Knolle (f)	**ubi**	[ubi]
Jungpflanze (f)	**tunas**	[tunas]
Dorn (m)	**duri**	[duri]
blühen (vi)	**berbunga**	[bərbuŋa]
welken (vi)	**layu**	[laju]
Geruch (m)	**bau**	[bau]
abschneiden (vt)	**memotong**	[memotoŋ]
pflücken (vt)	**memetik**	[memetiˀ]

191. Getreide, Körner

Getreide (n)	**biji-bijian**	[bidʒi-bidʒian]
Getreidepflanzen (pl)	**padi-padian**	[padi-padian]
Ähre (f)	**bulir**	[bulir]
Weizen (m)	**gandum**	[gandum]
Roggen (m)	**gandum hitam**	[gandum hitam]
Hafer (m)	**oat**	[oat]
Hirse (f)	**jawawut**	[dʒʲawawut]
Gerste (f)	**jelai**	[dʒʲelaj]
Mais (m)	**jagung**	[dʒʲaguŋ]
Reis (m)	**beras**	[beras]
Buchweizen (m)	**buckwheat**	[bakvit]
Erbse (f)	**kacang polong**	[katʃaŋ poloŋ]
weiße Bohne (f)	**kacang buncis**	[katʃaŋ buntʃis]
Sojabohne (f)	**kacang kedelai**	[katʃaŋ kedelaj]

Linse (f)	**kacang lentil**	[katʃaŋ lentil]
Bohnen (pl)	**kacang-kacangan**	[katʃaŋ-katʃaŋan]

REGIONALE GEOGRAPHIE

Länder. Nationalitäten

192. Politik. Regierung. Teil 1

Politik (f)	**politik**	[politiˀ]
politisch	**politis**	[politis]
Politiker (m)	**politisi, politikus**	[politisi], [politikus]
Staat (m)	**negara**	[negara]
Bürger (m)	**warganegara**	[warganegara]
Staatsbürgerschaft (f)	**kewarganegaraan**	[kewarganegaraˀan]
Staatswappen (n)	**lambang negara**	[lambaŋ negara]
Nationalhymne (f)	**lagu kebangsaan**	[lagu kebaŋsaˀan]
Regierung (f)	**pemerintah**	[pemerintah]
Staatschef (m)	**kepala negara**	[kepala negara]
Parlament (n)	**parlemen**	[parlemen]
Partei (f)	**partai**	[partaj]
Kapitalismus (m)	**kapitalisme**	[kapitalisme]
kapitalistisch	**kapitalis**	[kapitalis]
Sozialismus (m)	**sosialisme**	[sosialisme]
sozialistisch	**sosialis**	[sosialis]
Kommunismus (m)	**komunisme**	[komunisme]
kommunistisch	**komunis**	[komunis]
Kommunist (m)	**orang komunis**	[oraŋ komunis]
Demokratie (f)	**demokrasi**	[demokrasi]
Demokrat (m)	**demokrat**	[demokrat]
demokratisch	**demokratis**	[demokratis]
demokratische Partei (f)	**Partai Demokrasi**	[partaj demokrasi]
Liberale (m)	**orang liberal**	[oraŋ liberal]
liberal	**liberal**	[liberal]
Konservative (m)	**orang yang konservatif**	[oraŋ yaŋ konservatif]
konservativ	**konservatif**	[konservatif]
Republik (f)	**republik**	[republiˀ]
Republikaner (m)	**pendukung Partai Republik**	[pendukuŋ partaj republiˀ]
Republikanische Partei (f)	**Partai Republik**	[partaj republiˀ]
Wahlen (pl)	**pemilu**	[pemilu]
wählen (vt)	**memilih**	[memilih]
Wähler (m)	**pemilih**	[pemilih]

Wahlkampagne (f)	**kampanye pemilu**	[kampane pemilu]
Abstimmung (f)	**pemungutan suara**	[pemuŋutan suara]
abstimmen (vi)	**memberikan suara**	[memberikan suara]
Abstimmungsrecht (n)	**hak suara**	[haˀ suara]
Kandidat (m)	**kandidat, calon**	[kandidat], [ʧalon]
kandidieren (vi)	**mencalonkan diri**	[mənʧalonkan diri]
Kampagne (f)	**kampanye**	[kampanje]
Oppositions-	**oposisi**	[oposisi]
Opposition (f)	**oposisi**	[oposisi]
Besuch (m)	**kunjungan**	[kundʒʲuŋan]
Staatsbesuch (m)	**kunjungan resmi**	[kundʒʲuŋan resmi]
international	**internasional**	[internasional]
Verhandlungen (pl)	**negosiasi, perundingan**	[negosiasi], [pərundiŋan]
verhandeln (vi)	**bernegosiasi**	[bərnegosiasi]

193. Politik. Regierung. Teil 2

Gesellschaft (f)	**masyarakat**	[maʃarakat]
Verfassung (f)	**Konstitusi, Undang-Undang Dasar**	[konstitusi], [undaŋ-undaŋ dasar]
Macht (f)	**kekuasaan**	[kekuasaˀan]
Korruption (f)	**korupsi**	[korupsi]
Gesetz (n)	**hukum**	[hukum]
gesetzlich (Adj)	**sah**	[sah]
Gerechtigkeit (f)	**keadilan**	[keadilan]
gerecht	**adil**	[adil]
Komitee (n)	**komite**	[komite]
Gesetzentwurf (m)	**rancangan undang-undang**	[ranʧaŋan undaŋ-undaŋ]
Budget (n)	**anggaran belanja**	[aŋgaran belandʒʲa]
Politik (f)	**kebijakan**	[kebidʒʲakan]
Reform (f)	**reformasi**	[reformasi]
radikal	**radikal**	[radikal]
Macht (f)	**kuasa**	[kuasa]
mächtig (Adj)	**adikuasa, berkuasa**	[adikuasa], [bərkuasa]
Anhänger (m)	**pendukung**	[pendukuŋ]
Einfluss (m)	**pengaruh**	[peŋaruh]
Regime (n)	**rezim**	[rezim]
Konflikt (m)	**konflik**	[konfliˀ]
Verschwörung (f)	**komplotan**	[komplotan]
Provokation (f)	**provokasi**	[provokasi]
stürzen (vt)	**menggulingkan**	[məŋguliŋkan]
Sturz (m)	**penggulingan**	[peŋguliŋan]
Revolution (f)	**revolusi**	[revolusi]
Staatsstreich (m)	**kudeta**	[kudeta]

Militärputsch (m)	**kudeta militer**	[kudeta militer]
Krise (f)	**krisis**	[krisis]
Rezession (f)	**resesi ekonomi**	[resesi ekonomi]
Demonstrant (m)	**pendemo**	[pendemo]
Demonstration (f)	**demonstrasi**	[demonstrasi]
Ausnahmezustand (m)	**darurat militer**	[darurat militer]
Militärbasis (f)	**pangkalan militer**	[paŋkalan militer]
Stabilität (f)	**stabilitas**	[stabilitas]
stabil	**stabil**	[stabil]
Ausbeutung (f)	**eksploitasi**	[eksploitasi]
ausbeuten (vt)	**mengeksploitasi**	[məŋeksploitasi]
Rassismus (m)	**rasisme**	[rasisme]
Rassist (m)	**rasis**	[rasis]
Faschismus (m)	**fasisme**	[fasisme]
Faschist (m)	**fasis**	[fasis]

194. Länder. Verschiedenes

Ausländer (m)	**orang asing**	[oraŋ asiŋ]
ausländisch	**asing**	[asiŋ]
im Ausland	**di luar negeri**	[di luar negeri]
Auswanderer (m)	**emigran**	[emigran]
Auswanderung (f)	**emigrasi**	[emigrasi]
auswandern (vi)	**beremigrasi**	[bəremigrasi]
Westen (m)	**Barat**	[barat]
Osten (m)	**Timur**	[timur]
Ferner Osten (m)	**Timur Jauh**	[timur ʤʲauh]
Zivilisation (f)	**peradaban**	[pəradaban]
Menschheit (f)	**umat manusia**	[umat manusia]
Welt (f)	**dunia**	[dunia]
Frieden (m)	**perdamaian**	[pərdamajan]
Welt-	**sedunia**	[sedunia]
Heimat (f)	**tanah air**	[tanah air]
Volk (n)	**rakyat**	[rakjat]
Bevölkerung (f)	**populasi, penduduk**	[populasi], [pendudu']
Leute (pl)	**orang-orang**	[oraŋ-oraŋ]
Nation (f)	**bangsa**	[baŋsa]
Generation (f)	**generasi**	[generasi]
Territorium (n)	**wilayah**	[wilajah]
Region (f)	**kawasan**	[kawasan]
Staat (z.B. ~ Alaska)	**negara bagian**	[negara bagian]
Tradition (f)	**tradisi**	[tradisi]
Brauch (m)	**adat**	[adat]
Ökologie (f)	**ekologi**	[ekologi]
Indianer (m)	**orang Indian**	[oraŋ indian]

Zigeuner (m)	**lelaki Gipsi**	[lelaki gipsi]
Zigeunerin (f)	**wanita Gipsi**	[wanita gipsi]
Zigeuner-	**Gipsi, Rom**	[gipsi], [rom]
Reich (n)	**kekaisaran**	[kekajsaran]
Kolonie (f)	**koloni, negeri jajahan**	[koloni], [negeri ʤʲaʤʲahan]
Sklaverei (f)	**perbudakan**	[pərbudakan]
Einfall (m)	**invasi, penyerbuan**	[invasi], [penerbuan]
Hunger (m)	**kelaparan, paceklik**	[kelaparan], [paʧekliˀ]

195. Wichtige Religionsgruppen. Konfessionen

Religion (f)	**agama**	[agama]
religiös	**religius**	[religius]
Glaube (m)	**keyakinan, iman**	[keyakinan], [iman]
glauben (vt)	**percaya**	[pərʧaja]
Gläubige (m)	**penganut agama**	[peŋanut agama]
Atheismus (m)	**ateisme**	[ateisme]
Atheist (m)	**ateis**	[ateis]
Christentum (n)	**agama Kristen**	[agama kristen]
Christ (m)	**orang Kristen**	[oraŋ kristen]
christlich	**Kristen**	[kristen]
Katholizismus (m)	**agama Katolik**	[agama katoliˀ]
Katholik (m)	**orang Katolik**	[oraŋ katoliˀ]
katholisch	**Katolik**	[katoliˀ]
Protestantismus (m)	**Protestanisme**	[protestanisme]
Protestantische Kirche (f)	**Gereja Protestan**	[gereʤʲa protestan]
Protestant (m)	**Protestan**	[protestan]
Orthodoxes Christentum (n)	**Kristen Ortodoks**	[kristen ortodoks]
Orthodoxe Kirche (f)	**Gereja Kristen Ortodoks**	[gereʤʲa kristen ortodoks]
orthodoxer Christ (m)	**Ortodoks**	[ortodoks]
Presbyterianismus (m)	**Gereja Presbiterian**	[gereʤʲa presbiterian]
Presbyterianische Kirche (f)	**Gereja Presbiterian**	[gereʤʲa presbiterian]
Presbyterianer (m)	**penganut Gereja Presbiterian**	[peŋanut gereʤʲa presbiterian]
Lutherische Kirche (f)	**Gereja Lutheran**	[gereʤʲa luteran]
Lutheraner (m)	**pengikut Gereja Lutheran**	[peŋikut gereʤʲa luteran]
Baptismus (m)	**Gereja Baptis**	[gereʤʲa baptis]
Baptist (m)	**penganut Gereja Baptis**	[peŋanut gereʤʲa baptis]
Anglikanische Kirche (f)	**Gereja Anglikan**	[gereʤʲa aŋlikan]
Anglikaner (m)	**penganut Anglikanisme**	[peŋanut aŋlikanisme]
Mormonismus (m)	**Mormonisme**	[mormonisme]
Mormone (m)	**Mormon**	[mormon]
Judentum (n)	**agama Yahudi**	[agama yahudi]

Jude (m)	**orang Yahudi**	[oraŋ yahudi]
Buddhismus (m)	**agama Buddha**	[agama budda]
Buddhist (m)	**penganut Buddha**	[peŋanut budda]
Hinduismus (m)	**agama Hindu**	[agama hindu]
Hindu (m)	**penganut Hindu**	[peŋanut hindu]
Islam (m)	**Islam**	[islam]
Moslem (m)	**Muslim**	[muslim]
moslemisch	**Muslim**	[muslim]
Schiismus (m)	**Syi'ah**	[ʃi-a]
Schiit (m)	**penganut Syi'ah**	[peŋanut ʃi-a]
Sunnismus (m)	**Sunni**	[sunni]
Sunnit (m)	**ahli Sunni**	[ahli sunni]

196. Religionen. Priester

Priester (m)	**pendeta**	[pendeta]
Papst (m)	**Paus**	[paus]
Mönch (m)	**biarawan, rahib**	[biarawan], [rahib]
Nonne (f)	**biarawati**	[biarawati]
Pfarrer (m)	**pastor**	[pastor]
Abt (m)	**abbas**	[abbas]
Vikar (m)	**vikaris**	[vikaris]
Bischof (m)	**uskup**	[uskup]
Kardinal (m)	**kardinal**	[kardinal]
Prediger (m)	**pengkhotbah**	[peŋhotbah]
Predigt (f)	**khotbah**	[hotbah]
Gemeinde (f)	**ahli paroki**	[ahli paroki]
Gläubige (m)	**penganut agama**	[peŋanut agama]
Atheist (m)	**ateis**	[ateis]

197. Glauben. Christentum. Islam

Adam	**Adam**	[adam]
Eva	**Hawa**	[hawa]
Gott (m)	**Tuhan**	[tuhan]
Herr (m)	**Tuhan**	[tuhan]
Der Allmächtige	**Yang Maha Kuasa**	[yaŋ maha kuasa]
Sünde (f)	**dosa**	[dosa]
sündigen (vi)	**berdosa**	[bərdosa]
Sünder (m)	**pedosa lelaki**	[pedosa lelaki]
Sünderin (f)	**pedosa wanita**	[pedosa wanita]
Hölle (f)	**neraka**	[neraka]
Paradies (n)	**surga**	[surga]

Jesus	**Yesus**	[yesus]
Jesus Christus	**Yesus Kristus**	[yesus kristus]
der Heiliger Geist	**Roh Kudus**	[roh kudus]
der Erlöser	**Juru Selamat**	[dʒʲuru selamat]
die Jungfrau Maria	**Perawan Maria**	[pərawan maria]
Teufel (m)	**Iblis**	[iblis]
teuflisch	**setan**	[setan]
Satan (m)	**setan**	[setan]
satanisch	**setan**	[setan]
Engel (m)	**malaikat**	[malajkat]
Schutzengel (m)	**malaikat pelindung**	[malajkat pelinduŋ]
Engel(s)-	**malaikat**	[malajkat]
Apostel (m)	**rasul**	[rasul]
Erzengel (m)	**malaikat utama**	[malajkat utama]
Antichrist (m)	**Antikristus**	[antikristus]
Kirche (f)	**Gereja**	[geredʒʲa]
Bibel (f)	**Alkitab**	[alkitab]
biblisch	**Alkitab**	[alkitab]
Altes Testament (n)	**Perjanjian Lama**	[pərdʒʲandʒian lama]
Neues Testament (n)	**Perjanjian Baru**	[pərdʒʲandʒian baru]
Evangelium (n)	**Injil**	[indʒil]
Heilige Schrift (f)	**Kitab Suci**	[kitab sutʃi]
Himmelreich (n)	**Surga**	[surga]
Gebot (n)	**Perintah Allah**	[pərintah allah]
Prophet (m)	**nabi**	[nabi]
Prophezeiung (f)	**ramalan**	[ramalan]
Allah	**Allah**	[alah]
Mohammed	**Muhammad**	[muhammad]
Koran (m)	**Al Quran**	[al kurˀan]
Moschee (f)	**masjid**	[masdʒid]
Mullah (m)	**mullah**	[mullah]
Gebet (n)	**sembahyang, doa**	[sembahjaŋ], [doa]
beten (vi)	**bersembahyang, berdoa**	[bərsembahjaŋ], [bərdoa]
Wallfahrt (f)	**ziarah**	[ziarah]
Pilger (m)	**peziarah**	[peziarah]
Mekka (n)	**Mekah**	[mekah]
Kirche (f)	**gereja**	[geredʒʲa]
Tempel (m)	**kuil, candi**	[kuil], [tʃandi]
Kathedrale (f)	**katedral**	[katedral]
gotisch	**Gotik**	[gotiˀ]
Synagoge (f)	**sinagoga, kanisah**	[sinagoga], [kanisah]
Moschee (f)	**masjid**	[masdʒid]
Kapelle (f)	**kapel**	[kapel]
Abtei (f)	**keabbasan**	[keabbasan]

Nonnenkloster (n)	**biara**	[biara]
Mönchskloster (n)	**biara**	[biara]
Glocke (f)	**lonceng**	[lontʃeŋ]
Glockenturm (m)	**menara lonceng**	[mənara lontʃeŋ]
läuten (Glocken)	**berbunyi**	[bərbunji]
Kreuz (n)	**salib**	[salib]
Kuppel (f)	**kubah**	[kubah]
Ikone (f)	**ikon**	[ikon]
Seele (f)	**jiwa**	[dʒiwa]
Schicksal (n)	**takdir**	[takdir]
das Böse	**kejahatan**	[kedʒʲahatan]
Gute (n)	**kebaikan**	[kebajkan]
Vampir (m)	**vampir**	[vampir]
Hexe (f)	**tukang sihir**	[tukaŋ sihir]
Dämon (m)	**iblis**	[iblis]
Geist (m)	**roh**	[roh]
Sühne (f)	**penebusan**	[penebusan]
sühnen (vt)	**menebus**	[mənebus]
Gottesdienst (m)	**misa**	[misa]
die Messe lesen	**menyelenggarakan misa**	[mənjeleŋgarakan misa]
Beichte (f)	**pengakuan dosa**	[peŋakuan dosa]
beichten (vi)	**mengaku dosa**	[məŋaku dosa]
Heilige (m)	**santo**	[santo]
heilig	**suci, kudus**	[sutʃi], [kudus]
Weihwasser (n)	**air suci**	[air sutʃi]
Ritual (n)	**ritus**	[ritus]
rituell	**ritual**	[ritual]
Opfer (n)	**pengorbangan**	[peŋorbaŋan]
Aberglaube (m)	**takhayul**	[tahajul]
abergläubisch	**bertakhayul**	[bərtahajul]
Nachleben (n)	**akhirat**	[ahirat]
ewiges Leben (n)	**hidup abadi**	[hidup abadi]

VERSCHIEDENES

198. Verschiedene nützliche Wörter

Anfang (m)	**permulaan**	[pərmula'an]
Anstrengung (f)	**usaha**	[usaha]
Anteil (m)	**bagian**	[bagian]
Art (Typ, Sorte)	**jenis**	[ʤʲenis]
Auswahl (f)	**pilihan**	[pilihan]
Barriere (f)	**rintangan**	[rintaŋan]
Basis (f)	**basis, dasar**	[basis], [dasar]
Beispiel (n)	**contoh**	[ʧontoh]
bequem (gemütlich)	**nyaman**	[njaman]
Bilanz (f)	**keseimbangan**	[keseimbaŋan]
Ding (n)	**barang**	[baraŋ]
dringend (Adj)	**segera**	[segera]
dringend (Adv)	**segera**	[segera]
Effekt (m)	**efek, pengaruh**	[efek], [peŋaruh]
Eigenschaft (Werkstoff~)	**sifat**	[sifat]
Element (n)	**unsur**	[unsur]
Ende (n)	**akhir**	[ahir]
Entwicklung (f)	**perkembangan**	[pərkembaŋan]
Fachwort (n)	**istilah**	[istilah]
Fehler (m)	**kesalahan**	[kesalahan]
Form (z.B. Kugel-)	**bentuk, rupa**	[bentuk], [rupa]
Fortschritt (m)	**kemajuan**	[kemaʤʲuan]
Gegenstand (m)	**objek**	[obʤʲe']
Geheimnis (n)	**rahasia**	[rahasia]
Grad (Ausmaß)	**tingkat**	[tiŋkat]
Halt (m), Pause (f)	**perhentian**	[pərhentian]
häufig (Adj)	**kerap, sering**	[kerap], [seriŋ]
Hilfe (f)	**bantuan**	[bantuan]
Hindernis (n)	**rintangan**	[rintaŋan]
Hintergrund (m)	**latar belakang**	[latar belakaŋ]
Ideal (n)	**ideal**	[ideal]
Kategorie (f)	**kategori**	[kategori]
Kompensation (f)	**kompensasi, ganti rugi**	[kompensasi], [ganti rugi]
Labyrinth (n)	**labirin**	[labirin]
Lösung (Problem usw.)	**solusi, penyelesaian**	[solusi], [penjelesajan]
Moment (m)	**saat, waktu**	[sa'at], [waktu]
Nutzen (m)	**kegunaan**	[keguna'an]
Original (Schriftstück)	**orisinal, dokumen asli**	[orisinal], [dokumen asli]
Pause (kleine ~)	**istirahat**	[istirahat]

Position (f)	**posisi**	[posisi]
Prinzip (n)	**prinsip**	[prinsip]
Problem (n)	**masalah**	[masalah]
Prozess (m)	**proses**	[proses]
Reaktion (f)	**reaksi**	[reaksi]
Reihe (Sie sind an der ~)	**giliran**	[giliran]
Risiko (n)	**risiko**	[risiko]
Serie (f)	**rangkaian**	[raŋkajan]
Situation (f)	**situasi**	[situasi]
Standard-	**standar**	[standar]
Standard (m)	**standar**	[standar]
Stil (m)	**gaya**	[gaja]
System (n)	**sistem**	[sistem]
Tabelle (f)	**tabel**	[tabel]
Tatsache (f)	**fakta**	[fakta]
Teilchen (n)	**partikel, bagian kecil**	[partikel], [bagian keʧil]
Tempo (n)	**tempo, laju**	[tempo], [ladʒʲu]
Typ (m)	**jenis**	[dʒʲenis]
Unterschied (m)	**perbedaan**	[pərbedaˀan]
Ursache (z.B. Todes-)	**sebab**	[sebab]
Variante (f)	**varian**	[varian]
Vergleich (m)	**perbandingan**	[pərbandiŋan]
Wachstum (n)	**pertumbuhan**	[pərtumbuhan]
Wahrheit (f)	**kebenaran**	[kebenaran]
Weise (Weg, Methode)	**cara**	[ʧara]
Zone (f)	**zona**	[zona]
Zufall (m)	**kebetulan**	[kebetulan]

www.ingramcontent.com/pod-product-compliance
Lightning Source LLC
LaVergne TN
LVHW051309080426
835509LV00020B/3191

* 9 7 8 1 7 8 6 1 6 5 0 4 6 *